YOUTUBE SECRETS

YOUTUBE SECRETS
유튜브 시크릿

유튜브를 시작하는 당신을 위해
최고의 인플루언서들이 전하는 유튜브 가이드!

션 카넬 & 벤지 트래비스 지음
이용준 옮김

더봄

YOUTUBE SECRETS

유튜브 시크릿

제1판 1쇄 발행   2019년 4월 23일
제1판 6쇄 발행   2021년 11월 25일

지은이   션 카넬 & 벤지 트래비스
옮긴이   이용준
펴낸이   김덕문

기획   노만수
책임편집   손미정
디자인   블랙페퍼디자인
마케팅   이종률
제작   백상종

펴낸곳   더봄
등록일   2015년 4월 20일
주소   서울시 노원구 화랑로51길 78, 507동 1208호
대표전화   02 - 975 - 8007   ‖   팩스   02 - 975 - 80066
전자우편   thebom21@naver.com
블로그   blog.naver.com/thebom21

ISBN 979 - 11 - 88522 - 41 - 5 03320

한국어 출판권 ⓒ 더봄, 2019

이 책을 비디오 인플루언서스 커뮤니티 Video Influencers' community 에 바칩니다.

여러분의 헌신과 노력 그리고 끈기가 만들어낸 이야기들은

우리에게 큰·영감과 용기를 줍니다.

온라인 비디오의 힘으로 우리는 함께 세상을 변화시킬 수 있을 것입니다.

이러한 여정을 여러분과 함께 떠날 수 있게 되어 영광입니다.

CONTENTS 차례

CONTENTS 차례

세계로 퍼져 성공하라
무료 코칭!

여러분의 사진을 올리고
유튜브 시크릿에 대해 포스팅하세요.

여러분의 SNS에 사진과 비디오를 포스팅하고
해시태크 #YouTubeSecrets를 작성해 주세요!

벤지 트래비스와 션 커넬과 함께하는
무료 코칭을 받고 싶으신 분들은
사진과 비디오를 공유해주세요.

여러분의 성원에 감사드립니다.

들어가는 말

대부분 사람들이 '유튜브'^YouTube 하면 고양이 영상이나 바이럴 밈 ^meme(소위 말하는 '짤') 또는 홈 비디오를 떠올린다. 하지만 유튜브에는 자신의 창의력을 바탕으로 커리어를 쌓아 나가며 엄청난 수의 팔로어 ^follower(구독자)를 거느리고 자기만의 삶을 가꿔 나가는 비밀스러운 집단의 사람들이 있다.

CNBC(미국의 유명 경제방송)는 최근 인터넷에서 '슬라임 여왕'^Slimee Queen 으로 불리는 카리나 가르시아^Karina Garcia의 이야기를 취재했다. 3년도 채 되지 않은 시간 동안 이 스물세 살 여성이 취미로 올리던 DIY 슬라임 영상은 전업 직업으로 발전했고, 웨이트리스로 일하던 그녀는 이제 수백만 달러를 벌고 있다. 10년 전이라면 말도 되지 않을 일이지만 이제는 점점 더 흔한 이야기가 되고 있다.

애드위크닷컴$^{Adweek.com}$의 기사에 따르면, 2012년에 자신의 유튜브 채널의 광고수익만으로 억대 연봉을 기록한 사람이 수천 명이라고 한다. 최근 유튜브 크리에이터 블로그$^{YouTube\ Creator\ Blog}$의 조사에 따르면 억대 수익을 기록하는 유튜브 채널의 수는 전년 대비 40퍼센트나 증가했다고 한다. 보수적으로 계산해 봐도 이제 기타 소득을 제외한 순수 광고 수익만으로 억대 수익을 기록하고 있는 유튜브 채널의 수는 수만 건에 달한다. 미국마케팅협회$^{American\ Marketing\ Association}$에 따르면, 2018년 처음으로 디지털 광고비가 텔레비전 광고비를 뛰어넘었다. 이 분야에 약 1억 6,000만 달러에 가까운 비용이 쏟아 부어지고 있으며, 이는 인플루언서^{Influencer}(SNS에서 수십만 명의 구독자를 보유한 유명인)들에게 새로운 기회가 되고 있다.

광고 수익은 유튜브 크리에이터가 콘텐츠로 수익을 거두는 여러 방식 중 하나일 뿐이다. 추후 이 책에서는 온라인 비디오로 수익을 창출할 수 있는 아홉 가지 방법에 대해 다룰 것이다. 처음 이것을 접한다면 과히 혁명이라는 생각이 들 정도로 놀랄 수 있겠지만, 사실 알고 보면 그리 대단한 것은 아니다. 자신의 취미와 열정, 전문성을 통해 유튜브에서 콘텐츠를 만들어내고 이를 통해 강한 영향력을 행사하며 수입을 창출해 내는 것이 우리 삶에서 이미 일상적으로 일어나고 있기 때문이다.

로라 비탈리$^{Laura\ Vitale}$는 요리를 사랑하며 요리책을 출판하는 꿈을

간직해 왔다. 그녀는 레스토랑을 그만두고 유튜브 채널을 개설했다. 그리고 자신의 주방에서 남편과 함께 만든 영상을 유튜브에 올렸다. 7년 뒤 로라의 채널은 급속도로 성장해 푸드 네트워크[Food Network](미국의 유명 음식방송)에 고정 호스트 프로그램이 생겼고, 요리책 출판 계약도 성사됐다. 로라는 300만 명이라는 구독자 수 덕분에 베스트셀러 작가로 등극했으며, 플랫폼 상에서 가장 유명한 요리 관련 인물이 되었다.

존 코흘러[John Kohler]는 열정적인 정원사로 유튜브에서 가장 많은 조회 수를 기록하고 있는 정원 가꾸기 채널 중 하나인 '나만의 정원 꾸미기'[Growing Your Greens]를 운영하고 있다. 2009년에 올린 그의 첫 영상은 원 테이크로 촬영되었으며, 화질이 좋지도 않았고 편집도 전무했다. 심지어 자신이 영상에 등장하지도 않았다. 하지만 시청자들은 영상을 통해 그가 정원 가꾸는 일을 정말 열정적으로 좋아한다는 것을 느낄 수 있었다. 1만 4천여 개의 영상을 올리는 동안 존의 영상은 총 조회 수 6,700만 회를 기록했고, 50만 명의 구독자 수를 거느리게 됐다. 영상편집 기술은 조금 부족했지만, 중요한 점은 존이 자신의 채널을 활용해 주스기계 판매라는 자신의 핵심 비즈니스를 성장시키고 있다는 것이다.

알레한드로 레이즈[Alehandro Reyes]는 아내와 두 딸과 함께 브이로그[vlog](자신의 일상을 동영상으로 촬영한 영상 콘텐츠)를 올리는 아버지다, 그는 그저 일상생활의 모습을 영상에 담아 유튜브에 올렸다. 하지만 몇 년이 지나자 적은 수의 구독자를 보유한 채널임에도 불구하고 억대 수입을 만들 수 있는 스폰서 기회를 얻게 되었다.

누구나 유튜브를 시작하면 부자가 될 수 있다고 말하려는 것은 아니다. 또한, 이것이 모든 이가 바라는 꿈도 아닐 것이다. 하지만, 중요한 점은 유튜브를 통해 자신의 열정과 취미를 가지고 커뮤니티를 형성하면서 비슷한 사람들과 만나고, 가족과 자신을 위해 돈도 벌 수 있다는 점이다.

헤더 토레스[Heather Torres]도 좋은 사례다. 헤더는 두 아이를 홈스쿨링으로 키우는 어머니로, 다른 부모들과 관련 팁을 공유하기 위해 홈스쿨링 채널을 만들었다. 여가 시간을 활용해 틈틈이 올린 그녀의 채널은 불과 1년 만에 구독자 수 8,000명의 채널로 성장했고, 조회 수는 25만 명을 넘어섰다. 그 결과 가족을 위한 부수입이 생겼을 뿐 아니라, 다른 다양한 기회도 얻게 됐다.

"저 사람들은 일찍 시작했으니까", " 이제는 너무 늦었어. 유튜브는 포화상태고 경쟁도 너무 심해"라고 생각할 수도 있다. 하지만 결코 그렇지 않다. 최근 허핑턴 포스트[Huffington Post] (미국 유명 인터넷 신문) 기사에 따르면, 지금부터 2020년 사이에 30억에서 50억 명의 새로운 소비자가 온라인 시장에 나타나 이제까지 본 적 없는 글로벌 경제를 형성할 것이라 한다. 즉, 지금이 바로 유튜브를 시작할 적기라는 뜻이다. 더 이상 미뤄서는 안 된다.

초기 자금이 없어 유튜버^{YouTuber}로 성공하기 힘들다고 생각한다면 이것 또한 큰 오산이다. 여러분은 전문적인 영상촬영을 위한 값비싼 장비를 살 여력이 되지 않을 수 있다. 희소식은, 그런 장비가 전혀 필요 없다는 점이다. 매력적인 유튜브 콘텐츠를 만들기 위해 필요한 장비는 여러분의 주머니 속에 있는 스마트폰 하나면 충분하다. 스마트폰으로 HD화질의 영상을 만들어 업로드할 수 있으며, 이것이 유튜브를 시작하기에 필요한 모든 장비다.

몇몇 사람들은 유튜브 콘텐츠를 만들 재능이 없다고 걱정한다. 하지만, 유튜브에서 요구하는 것은 재능이 아니다. 재능보다는 열정, 흥미, 재미, 정보, 교육, 질의응답 같은 요소들이 훨씬 중요하다. 대부분의 성공적인 유튜브 크리에이터들은 사실 헐리우드 스타처럼 큰 재능을 타고난 사람들이 아니다. 그들 대부분은 일상 속에서는 내성적이지만 자신들이 만드는 콘텐츠에 대해서만큼은 대단한 열정을 가진 사람들이다. 유튜브의 비밀이 바로 이것이다. 타인을 도울 만큼 열정적이고 타인의 흥미를 끌 만큼 재미있으면 모든 준비는 이미 끝난 것이다.

성공적인 유튜브 인플루언서는 굉장히 평범한 사람들로, 운동이나 신앙 또는 집 정리와 같은 소소한 주제에 관심을 갖고, 이에 대한 역량을 개발하거나 지식을 쌓은 사람들이다. 화려한 편집 능력이나 크리에이터로서의 대단한 역량이 없어도 괜찮다. 어떤 관심사나 취미도 소중한 콘텐츠가 될 수 있기 때문이다.

왜 비디오인가?

우리는 일반적으로 서로가 잘 알고 좋아하고 신뢰하는 사람과 소통하고 사업하는 것을 선호한다. 온라인상에서는 소통의 문제가 발생할 수밖에 없는데, 이는 실제로 눈을 맞추고, 대화를 하고, 표정을 읽기가 어렵기 때문이다. 이는 특히 블로그^{blog}에서 두드러지게 나타나는 문제이지만, 오디오 콘텐츠에서도 이와 같은 현상이 나타난다. 따라서 우리는 이런 문제를 피해서 메시지를 전달하는 가장 좋은 방법으로 영상을 꼽는다.

영상을 활용하면 시청자에 대해 알아가고 신뢰를 쌓기가 훨씬 수월하다. 유명한 유튜버들은 그들과 친분을 쌓고 있는 고정 시청자들을 보유하고 있다. 영상은 사람들로부터 강한 참여를 이끌어내는 힘을 갖고 있기 때문이다.

백문이 불여일견이라는 말이 있다. 포레스터 리서치^{Forrester}

Research(미국의 조사 분석 전문기업)의 디지털 마케팅 전문가인 제임스 맥퀴비James McQuivey에 의하면, 1분짜리 영상 콘텐츠의 정보는 180만 개의 단어와 동일한 수준이라고 한다. 세상에 내놓고 싶은 메시지, 꿈, 사업, 브랜드 등이 있는 사람에게 영상은 가장 효과적인 수단이라는 것이다.

영상이라는 매체는 깜짝 놀랄 만큼 성장하고 있다. 거의 모든 소셜미디어 플랫폼이 영상을 선호 매체로 채택했다. 영상 기능이 없는 소셜미디어 플랫폼을 떠올릴 수 있는가? 최근 통계에 의하면, 인터넷을 이용하는 사람들 중 55퍼센트가 온라인 영상을 매일 시청한다고 한다. 스몰 비즈니스 트렌드Small Business Trends(스몰 비즈니스 오너를 위한 미국 온라인 정보지) 또한 2019년까지 인터넷 영상 트래픽이 전체 인터넷 트래픽의 80%를 차지할 것이라 발표했다.

왜 유튜브인가?

왜 유튜브가 영향력을 키우기에 가장 적합한 영상 플랫폼일까? 이유는 간단하다. 가장 강력한 검색 기능을 탑재하고 있으며, 세계에서 가장 시청자가 많기 때문이다. 유튜브는 구글Google 다음으로 가장 큰 검색엔진이다. 이는 구글 자체가 유튜브를 소유하고 있기 때문에 검색 기능을 플랫폼의 핵심으로 사용하기 때문이다. 또한, 전 세계에서 매일 10억 시간 이상의 콘텐츠가 시청되는 가장 거대 플랫폼이기 때문이다. 이러한 장점은 유튜브를 여타 소셜미디어 플랫폼과 차별성을 갖게 했다. 페이스북Facebook, 트위터Twitter, 인스타그램Instagram 그리고 스냅챗Snapchat은 검색엔진이 아니므로, 무엇인가를 새롭게 찾아내거나, 이를 통해 영향력을 행사하기에는 한계가 있었다. 이는 유튜브를 확실한 경쟁 우위에 있게 하는 밑바탕이 되었다.

비즈니스, 브랜드, 관심사 또는 취미를 불문하고 유튜브에는 여러분의 콘텐츠를 찾는 시청자target audience가 있다. 더 건강한 토마토를 기르는 방법에 대한 팁, 스모키 아이섀도 화장법, 세금을 절약하는 방법을 찾는 사람일 수도 있다. 유튜브는 여러분에게 전 세계시청자들을 즉각적으로 만날 수 있게 해준다. 유튜브의 CEO인 수잔 워치키Susan Wojcicki는 최근 플랫폼에서 유튜브 영상을 하루에 1시간 이상 시청하는 로그인 사용자 수가 매달 15억 명 이상이라고 말했다. 이는 북미지역 인구의 3배에 달하는 숫자다.

또한 유튜브는 무료다. 콘텐츠 생성을 도와주는 툴은 많지만 유튜브에는 금전적인 장벽이 없다. HD 또는 4K 영상을 나만의 채널에 무료로, 그리고 무제한으로 업로드가 가능하다. 20년 전, 특정한 메시지를 전 세계에 퍼트리려 할 때 얼마나 많은 노력이 필요했는지 한 번 생각해보라. 메시지 전달을 위해 텔레비전 방송시간을 사야했을 것이고, 그 비용 또한 엄청났을 것이다. 유튜브는 이를 평준화

시켰다. 평범한 사람도 스마트폰이 제공하는 다양한 기능과 플랫폼을 통해 전 세계에 메시지를 전할 수 있다. 이 놀라운 일을 당연하게 받아들여서는 안 된다. 우리는 역사상 가장 우수한 정보 전파력의 기회를 갖게 된 것이다.

유튜브는 또한 돈이 된다. 우리의 경험에 비춰봤을 때, 영상 콘텐츠를 통한 수익 창출을 원한다면 유튜브는 가장 큰 기회를 제공한다. 가장 손쉽게 얻을 수 있는 수익은 광고 수익이다. 구글은 콘텐츠 크리에이터와 광고 수익을 나누고 있기 때문이다. 브랜드에서 지불하는 홍보비나 스폰서십을 통해서도 소득을 올릴 수 있다. 기업들은 유튜브라는 플랫폼을 신뢰하기 때문에 유튜브에 상품을 홍보하기 위해 정기적으로 비용을 지불하거나, 스폰서십을 맺는다. 특히 스폰서십은 유튜버들에게 가장 큰 수익을 가져다준다.

그 어떤 소셜미디어 네트워크도 유튜브만큼의 퀄리티와 인프라를 구축하지 못했고, 유튜브가 보여준 손쉬운 수익 공유 방침을 제공하지 않는다. 보다 많은 사람들일 매일매일, 더 영향력 있고 수익성이 좋은 채널을 만들어 나가고 있다. 유튜브가 5주년을 맞이했던 2010년에는 구독자 수가 100만 명 이상인 채널이 5개밖에 없었다. 오늘날은 이 숫자가 수천 개로 늘어났으며, 계속해서 성장 중이다. 씽크 위드 구글^{Think with Google}(구글에서 제공하는 정보 공유 서비스)의 최근 통계에 따르면, 구독자 100만을 기록한 채널의 수가 작년 대비 75% 증가했다고 한다. 이렇게 많은 사람들이 자신의 채널을 정식 직업으로 발전 시켰다는 점에 놀랄 수 있지만, 이는 실제로 일어나고 있는 상황이다.

우리의 시작

아마도 여러분은 "션^{Sean}과 벤지^{Benji}가 누구지?", "왜 이들이 유튜브 전문가?", "왜 내가 이들의 말을 들어야 하지?"라고 자문하고 있을지 모른다. 우리는 10년 전 처음 만났다. 유튜브 경력은 둘 다 몇 년 되었지만, 둘 다 재정적으로는 몹시 어려운 시기를 겪고 있었다. 그 후 몇 년 간 우리는 유튜브가 가져온 기회 덕분에 제대로 된 소득을 창출할 수 있었고, 꾸준한 노력을 통해 이를 100만 달러 이상의 거대 사업으로 성장시킬 수 있었다. 생방송 영상 방송을 통해 벤지는 100만 달러의 기부금을 모금했고, 구글 애드센스$^{Google\ AdSense}$를 통해 수익을 창출했으며, 브이로그^{vlogging}를 통해 브랜드 스폰서십도 맺을 수 있었다. 션은 다수의 연사들, 교회, 소규모 비즈니스 사업가가 유튜브와 영상을 그들의 비즈니스에 성공적으로 활용할 수 있도록 도왔다. 우리는 제휴 마케팅만으로도 억대의 소득을 기록할 수 있었다.

3년 전 어느 날, 개인 채널을 구축하며 배운 경험을 논의하던 중, 전 세계 사람들과 이 경험을 공유하자는 아이디어가 떠올랐다. 이 책은 그 결과의 산물이다. 책을 쓰기 전 우리는 전달할 원칙을 검증하고 증명하고 싶었다. 비디오 인플루언서스^{Video Influencers}라는 채널은 이런 배경 아래 생겨났다. 우리는 책 출간 전에 '비디오 인플루언서스' 채널을 조회 수 1,000만과 구독자 수 25만 명을 거느린 채널로 성장시킬 수 있었다.

우리의 이야기는 다른 유튜버의 성공기와 유사한 점이 많다. 우리는 특정 주제에 대해 열정을 지닌 평범한 사람들이었고, 꾸준히 그 주제에 대한 가치를 전달함으로써 구독층을 확보할 수 있었다. 우리는 엄청난 재능이 있어서 성공한 것이 아니다. 단지, 누구나 온라인 영상의 영향력을 통해 소득을 만들 수 있다는 기본 원칙을 공유했을 뿐이다.

이 책에서 우리는 시청자를 확보하고, 수입을 창출하며, 사업 또는 개인 브랜드를 성장시키고, 전 세계와 자신의 메시지를 공유할 수 있는 방법, 원칙, 팁, 단계와 전략을 공개할 것이다. 이는 20년에 걸친 우리의 플랫폼 경험과 다양한 분야에서 성공을 이룬 유튜버들과 진행한 100개 이상의 인터뷰를 바탕으로 한다.

이 책을 읽으면?

이 책의 첫 번째 파트는 우리가 2008년부터 효과를 본 7단계 전략을 공유할 것이다. 우리가 제공하는 조언은 실용적이며, 평균적인 사람의 이해나 능력 범위를 벗어나지 않는다. 시간의 흐름에 따라 많은 것이 변하지만, 성공적인 유튜브를 위한 우리의 7단계 프레임워크는 변하지 않고 영구적으로 적용 가능한 것들이다.

온라인에서 영향력을 구축하려 할 때 사람들이 가장 흔하게 저지르는 실수는 전체적인 전략 없이 단기적인 전술에만 의존한다는 점이다. 따라서 두 번째 파트에서는 유튜브에서 영향력을 키우기 위해 바로 적용 가능한 상세한 전술과 비밀 전략을 공개하고자 한다.

마지막으로 부록에서는 영상, 서적, 웹사이트, 툴, 앱과 같은 가장 우수한 리소스를 공유하고, 유튜브와 온라인 영상과 관련해 자주 받는 질문을 소개할 것이다. 관련 주제로는 언제, 어떻게 사업과 팀을 키울지, 올바른 카메라 선택법, 악플러들과 트롤 대처법, 일상 브이로거 vlogger(영상 블로거, video blogger)가 되는 법이 포함된다.

이 책을 최대한 활용하는 법은 다음과 같다. 우리가 제안하는 전략에 대해 파악할 수 있도록 처음부터 끝까지 읽어보고, 실제 자신의 유튜브 채널을 꾸려 나갈 때, 궁금한 상세 부분은 더 깊게 파고들어 참고 자료로 활용하는 것이다. 더 많은 트레이닝을 받을 수 있는 링크도 수록하였으므로 추가적인 교육도 들어볼 수 있다.

우리는 우리가 제공하는 전략을 통해 누구나 유튜브에서 파트타임이나 전업 소득을 벌고, 영향력을 넓히고, 커뮤니티를 형성하고, 상품 또는 브랜드 인지도를 높일 수 있다고 생각한다. 유튜브를 시작하는 목적이 자선, 또는 비영리적인 사유에 대한 노출을 높이고자 하는 것일 수도 있고, 취미와 관련된 커뮤니티를 형성하기 위한 것일 수도 있다. 또는 금전적인 자유를 얻거나 슈퍼스타가 되는 것이 꿈일 수도 있다. 어떤 목적이나 어떤 상황이든 간에 우리는 여러분이 그것을 이루는데 필요한 기술을 알려주고자 한다. 즉, 더 많은 구독자, 더 많은 팔로어, 더 많은 소득을 가져올 수 있는 기술 말이다.

'여러분은 반드시 유명한 유튜버가 될 것이다'라고 약속할 수는 없겠지만, 이 책을 통해 우리가 성공하게 된 모든 원칙을 공유할 것이고, 현재 유명한 유튜브 크리에이터로의 성공 비결도 알려줄 것이다. 여러분이 노력할 의지만 있다면 이 책은 성공으로 가는 포괄적이고, 명확한 가이드를 제공할 것이다.

성공적인 유튜브 채널을 만드는
일곱 가지 'C' 전략

이 파트에서 우리는 성공적인 유튜브 채널을 만들어가는 핵심 항목에 대해 이야기할 것이다. 우리는 이를 일곱 가지 'C' 전략이라고 부른다. **용기**^{Courage}, **명확성**^{Clarity}, **채널**^{Channel}, **콘텐츠**^{Content}, **커뮤니티**^{Community}, **현금**^{Cash}, **일관성**^{Consistency}이 바로 그것이다. 이 파트에서 여러분은 자신의 채널에 아이니어를 주는 영감을 찾는 법부터 콘텐츠를 생성하고 배포하는 기본적인 기술들까지 배울 수 있을 것이다. 각 장에는 실제 성공한 유튜버의 사례를 소개하고, 비디오 인플루언서스 채널에 올라온 인터뷰를 공유할 것이다. 앞서 말한 일곱 가지 기본 요소들이 어떻게 적용되는지 사례 중심으로 살펴보고, 여러분의 성공 스토리를 만들어 나갈 초석을 다지는 기회를 제공할 것이다.

제1장 용기

COURAGE :
열정을 불태우고 두려움을 억누르기

"시작하기 위해 위대할 필요는 없지만 위대해지기 위해서는 반드시 시작해야 한다."

_지그 지글러(Zig Ziglar)

사람들이 유튜브를 선뜻 시작하지 못하는 이유가 무엇일까? 대부분의 이유는 두려움일 것이다. 헤드라이트 불빛을 마주하고 깜짝 놀라 얼어붙은 사슴처럼 말이다. 무엇을 두려워하는가? 다른 사람에게 평가받는 것? 악플을 받고 부정적인 의견을 듣게 되는 것? 노력을 들였으나 돌아오는 것이 없는 것?

두려움을 극복할 가장 간단한 방법은 지금 바로 시작하는 것이다,

어느 정도의 두려움은 당연하다. 부정적인 의견을 듣고, 트롤링 Trolling(무례하고 공격적인 댓글을 달거나 욕설을 퍼붓는 행위)도 당하게 될 것이다. 따라서 이런 현실에 대비해 멘털 강화 훈련을 해야 한다. 시작조차 하지 않는 것은 실패하는 것보다도 못한 일이니 결국 이런 상황을 이겨내야 한다.

한때, 벤지는 연례 'Dancember'(Dance와 December의 합성어) 자선행사를 위해 특정 금액이 모금되면 스카이다이빙을 하겠다고 선언한 적이 있다. 스카이다이빙이라고는 한 번도 해본 적 없었던 그였지만 모험을 한 것이다. 결국 모금은 성공했고, 우리는 워싱턴 주 스노호미쉬Snohomish에서 작은 비행기를 함께 타야 했다.

그 작은 비행기가 얼마나 고도를 빨리 올리던지, 우리는 그 속도에 정말 깜짝 놀랐다. 목표 고도에 다다르자 교관이 사정없이 문을 열었고, 사람들은 하나씩 몸을 던져 밖으로 뛰어내리기 시작했다. 말할 필요도 없이 우리는 정말 두려웠다. '무언가 잘못되면 어떡하지?', '낙하산이 펼쳐지지 않으면 어떡하지?' 이런 생각들이 머릿속을 맴돌았다.

겁에 질린 채 서 있자니 교관은 비행기에서는 반만 뛰어내릴 수는 없다고 선언했다. 뛰어내리거나 포기하거나 둘 중 하나라는 것이다. 벤지가 먼저 뛰어내렸다. 그 모습을 보고도 션은 전혀 자신감이 생기지 않았다. 오히려 벤지가 비행기에서 떨어지는 모습을 보니 더 겁이 났다. 하지만 두려움을 극복하는 방법은 벤지와 함께 뛰어내리는 것 외에는 없었다.

비행기에서 뛰어내리는 일은 정말 극적이었다. 빙글빙글 돌고 뒤집히다 낙하산이 결국 펼쳐졌고, 이내 두려움도 사라졌다. 우리는 결국 '모두 다 괜찮아질 것이다'라는 것을 깨달았고, 이런 도전을 할 수 있었다는 것에 감사했다.

유튜브도 이와 유사하다. 초반에 느끼는 극도의 두려움과 걱정을 극복하는 유일한 방법은 그냥 도전하는 것이다. 오래된 나이키 광고 문구 'just do it'처럼, 또는 '용기는 두려움의 부재가 아니라 두려움에도 불구하고 행동으로 옮기려는 의지다'라는 속담처럼 말이다.

처음에는 카메라 앞에서 말하는 것이 어색할 수 있다. 악플을 다는 사람도 있을 것이다. 배울 것이 정말 많을 것이다. 이 모든 것은 여러분이 직면할 사실이므로 이를 극복하겠다는 마음을 먹어야 한다. 현재 왕성하게 활동 중인 유튜버들 모두 초보였던 시절이 있었다. 다들 처음 해보는 경험이었고, 구독자가 전무했던 시절을 겪었다. 이들은 0에서부터 소셜미디어를 시작했지만, 용기를 내 콘텐츠를 올리기 시작했다. 우리도 그랬고, 여러분도 그렇게 시작해야 한다.

"Why" 찾기

"왜?"를 고민하는 것은 두려움을 극복하는 데 도움이 된다. 사이먼 사이넥^{Simon Sinek}의 유명 저서인《WHY로 시작하라: 위대한 리더들이 행동을 이끌어내는 법》^{Start with Why: How Great Leaders Inspire Everyone to Take Action}에는 다음과 같은 내용이 나온다. "사람들은 여러분이 하는 행동을 구매하는 것이 아니라, 그 행동을 하는 이유를 사는 것이다."

유튜브를 방문할 탄탄한 이유를 만들어야 한다. 누구에게 영감을 주고, 격려하고, 가르치고 싶은가? 또는 여러분의 제품과 서비스로 누구에게 도움을 주고 싶은가? 누구에게 즐거움을 주려고 하는가? 이 질문에 대한 답을 마련하고 그것을 가장 최우선에 두어야 한다. 이렇게 함으로써 여러분은 자신을 극복할 수 있게 된다. 동기가 동기부여의 기본이다. 여러분의 채널을 만드는 데 걸림돌이 되는 어려움보다 더 강한 동기를 찾아야 한다.

정신적 준비 배양

정신적인 준비를 배양하는 것은 매우 중요하다. 악플을 받게 될 것에 두려움을 느낀다면 이에 대한 대비를 해야 한다. 악플이 올라올 것이라고 받아들여야 한다. 악플은 모든 유튜브 크리에이터들이 겪는 일이다. 악플을 보지 않는 유일한 방법은 댓글 창을 아예 꺼버리는 것이지만, 그렇게 하면 소통 또한 못하게 된다. 어떻게 보면, 악플도 유튜브의 매력이라 할 수 있다. 사람들은 여러분에게 동의할 수도, 반대할 수도 있다는 것이다. 여러분의 콘텐츠가 양극화될수록 사람들은 더 강력한 의견을 개진할 것이다. 시작부터 이를 받아들일 각오를 하는 것이 중요하다.

두려움은 완전히 사라지지는 않지만 시간이 지날수록, 그리고 여러분이 발전할수록 줄어든다. 벤지가 첫 영상으로 스테이크 요리법을 찍었을 때 그는 마치 '헤드라이트 불빛을 마주한 사슴' 같은 표정을 지었다. 시청자들이 자신의 영상을 보고 무슨 생각을 할지 불안한 나머지 자연스러운 모습을 보이지 못했다. 시간이 지남에 따라 그는 자신의 콘텐츠를 좋아하는 사람, 영상을 소중히 여기는 사람, 더 보길 원하는 사람이 있다는 것을 알게 됐고 카메라 앞에서 점점 더 자연스러워졌다. 두려움에 맞섬으로써 그는 푸드 채널에서만 2,000만 조회 수를 기록하게 되었다.

시작하는 것에 대해 작은 격려가 필요한 경우 벤지의 첫 영상을 보며 지금 그가 얼마나 발전했는지 비교해 보기를 권한다: Tube SecretsBook.com/FirstVideos

션은 2003년 교회에서 영상을 만들기 시작했다. 처음에는 매주 수요일 청년 모임을 위해 영상을 만들었고, 1년 후부터는 일요일 예배를 위해서 만들기 시작했다. 그는 유튜브를 시작하기도 전에 일주일에 2편씩, 1년에 104개의 영상을 만들었고 현재까지 2,000개 이상의 영상을 올렸다.

션의 자신감은 콘텐츠를 만드는 것으로부터 나왔다. 그럼에도 불구하고 션 역시 아직도 사람들이 자신의 영상에 대해 어떤 반응을 보일지 걱정할 때가 있다. 그런 생각이 들 때 션은 두려움에 직면하고 앞으로 나아가기 위해 "WHY"를 떠올린다.

두려움은 가장 경험이 풍부한 유튜버에게도 영향을 미친다. 벤지에게는 굉장히 성공적인 사업을 운영하는 친한 지인이 있다. 그는 사업 홍보차 유튜브에 영상을 올리기 시작했고, 이로부터 100만 달러대의 수익을 창출하는 성공 신화를 이뤄냈다. 하지만 얼마 지나지 않아 그는 영상 올리는 것을 그만뒀다. 벤지가 그 이유를 물었을 때 그는 자신이 받은 악플과 부정적인 의견 때문에 사업이 계속해서 성장했음에도 불구하고 자신의 열정과 창의력이 수그러들었다고 했다.

여러분의 사기를 꺾으려고 이 일화를 소개하는 것이 아니다. 가장 성공한 것 같은 사람도 똑같은 어려움을 겪는다는 것을 강조하기 위해 말하는 것이다. 벤지의 지인은 정신적으로 준비가 돼 있지 않았고, 결국 그가 받아들일 수 있는 범위를 넘어섰던 것이다.

캔디 존슨^{Kandie Johnson}이라는 또 다른 지인은 2009년부터 유튜브에서 활동했고, 현재는 수백만 명의 팔로어를 거느리고 있다. 캔디는 악플에는 진실이 별로 없다고 말한다. 악플에 대응하면 사과 또는 고백을 듣게 된다고 한다. 많은 '트롤'들은 캔디가 그들의 댓글을 읽을 줄 몰랐다고 말하며, 증오는 그들이 그 당시 겪고 있던 상황에서 비롯된 것이라 털어놓는다. 실질적인 내용 또는 캔디에 대한 부정적인 평가가 담긴 경우는 거의 없다.

새로운 크리에이터에게도 분명 이것이 아주 큰 어려움일 것이다. 그렇기 때문에 첫 상의 제목을 '용기'로 정했다. 어떤 주제에 대해 열정이 있고, 사람들을 돕는 것을 좋아하고, 이것을 여러분이 하고 싶은 것이라고 믿는다면, 부정적인 의견과 트롤 너머 여러분의 콘텐츠를 필요로 하며 원하고 있는 더 많은 사람들을 바라볼 용기를 갖기 바란다.

용기의 커뮤니티

여러분이 자신의 유튜브 채널을 개설하기 위해 용기를 모으는 중이라면, 용기의 커뮤니티를 끌어 모으는 것이 중요하다. 가족과 지인은 유튜브에 영향력을 구축하려는 여러분의 비전을 이해하지 못할 수 있다. 그들은 가볍게는 무관심을 보이거나, 여러분의 열정에 혼란을 느낄 수도 있다. 심한 경우 여러분을 대놓고 놀릴 것이다. 인내심을 기르길 바란다. 여러분을 지지하고, 고락을 함께하며, 동기를 부여하고 지속할 수 있도록 도와주는 사람들로 자신을 보호하기 바란다.

우리가 이 책을 집필하고 우리 채널을 개설한 이유는 유튜브 문화를 이해하며 비슷한 마인드를 지닌 비디오 인플루언서 지지층을 형성하기 위해서이다. 밋업meet-up과 회의의 참석, 그리고 관련 커뮤니티와 동료 영상 크리에이터를 페이스북 그룹 또는 온라인 포럼에서 만날 것을 장려한다. 이들은 여러분이 어려움에 직면했을 때 여러분을 더욱 굳건히 만들어줄 사람들이다.

훈련: 동기 부여

훈련으로 다음의 질문에 대해 깊이 생각해보라. 유튜브에 영상을 올리게 된 동기는? 온라인 영상을 통해 달성하고자 하는 것은? 여러분 채널의 비전은? 가족을 위한 부수입 창출일지도 모르고, 특정한 메시지를 사람들에게 알리고 싶을 수도 있다. 또는 특정 취미나 이슈에 대해 비슷한 생각을 지닌 사람들과 커뮤니티를 형성하고 싶은 것일 수도 있다.

위의 질문에 답을 다 했다면 이를 적어 자주 볼 수 있는 곳에 붙여 놓고 유튜브 활동을 하는 내내 눈에 새기기를 권한다. 답변은 명확해야 한다. 두려움, 의심, 불안이 엄습할 때 위에 적어둔 답을 읽고 무엇이 가장 중요한지 되새겨야 한다. 내가 적은 답변을 들여다보면서 위기를 극복해 나만의 채널을 계속해서 성장시킬 수 있도록 해야 한다.

결국, 지금 행동을 취하지 않음으로써 발생하는 기회비용은 무엇인가? 어떤 유튜브 크리에이터든 지금보다 10년 더 빨리 시작할 수 있었다면 어떻게 하겠느냐고 물어보면 거의 모두가 그렇게 할 것이라고 대답할 것이다. 그들은 성공했음에도 불구하고 더 빨리 시작했더라면 하는 아쉬움이 있다고 답할 것이다.

지금 만일 시작하지 않는다면, 10년 후의 여러분은 뭐라고 생각할까? 유튜브에 뛰어들기 가장 좋았던 시점은 솔직히 말해 2005년이었다. 하지만 두 번째 적기는 바로 지금이다. 무엇을 더 기다리는가?

속설 1: 유튜브는 만원이다

진실: 유튜브의 CEO는 하루에 최소 1시간을 시청하는 로그인 사용자가 매달 15억 명 이상이라 말한다. 허핑턴 포스트 Huffington Post 의 피터 디아만디스 Peter Diamandis 의 기사에 따르면 향후 몇 년간 온라인 진입자 수가 30억에서

50억 명에 달할 것이라 한다. 콘텐츠 시청자는 계속해서 증가하고 있으며 여러분을 위한 공간은 충분하다!

속설 2: 자금이 부족하다.

진실: 오늘날 일반적인 스마트폰으로도 인터넷만 연결돼 있다면 유튜브 영상을 찍고, 편집하고, 업로드할 수 있다. 화려하고 비싼 장비는 잊어버리자.

속설 3: 엄청난 재능이 있어야 한다.

진실: 유튜브에서 중요한 것은 독창성을 지니고 시청자에게 가치를 가져다주는 것이다. 이것만 달성하면 성공은 따라온다. 지금 시작해서 점차적으로 역량을 발전시켜 나가도록 하자.

속설 4: 시간이 부족하다.

진실: 한 주에 몇 시간만 투자해도 꾸준히 콘텐츠를 올리는 성공적인 유튜브 채널을 만들 수 있다.

속설 5: 인맥이 부족하다.

중요한 것은 인맥이 아니라 콘텐츠다. 의미 있는 콘텐츠를 개발해 올리면 된다.

속설 6: 누군가 내 아이디어를 가로챘다.

진실: 누군가 여러분의 아이디어를 이미 현실화했다면 그것은 그 아이디어

를 위한 시장이 존재한다는 뜻이다. 맥도날드는 세계에서 유일한 패스트푸드 햄버거 레스토랑이 아니며, 이미 수백 개가 있다. 왜? 사람들은 햄버거를 사랑하기 때문이다. 이미 다른 사람들이 다루고 있는 콘텐츠라 할지라도 여러분도 성공할 수 있다.

CLARITY :
끝을 염두에 두고 시작하라

"마지막 결과를 염두에 두고 거꾸로 거슬러 올라가 꿈을 실현시켜라."

_웨인 다이어(Wayne Dyer)

비행기 티켓을 수령하러 공항에 갈 때 머릿속에는 목적지가 있기 마련이다. 매표소로 걸어가 "모르겠네요. 그냥 아무거나 주세요"라고 하지는 않을 것이다. 하지만 안타깝게도 많은 사람들이 자신의 유튜브 채널을 이런 식으로 취급한다. 만일 자신이 어디로 향할지 목적지가 머릿속에 없다면 원하지 않는 곳에 도달하게 될 것이다.

여정을 시작하는 가장 초기 시점에는 반드시 스스로에게 "유튜브를 하는 목적이 무엇인가?"를 물어야 한다. 사업 매출을 높이기 위해서인가? 시청자를 모으고 싶은가? 유명해지는 것이 목표인가? 가장 좋아하는 취미와 관련된 커뮤니티를 형성하고 싶은가? 단순히 창의성을 발휘할 수 있는 수단으로 사용하고 싶은가?

유튜브를 통해 무엇을 얻고 싶은지 정의하고 그것을 채널의 기반으로 삼아야 한다.

세 가지 'P'

우리가 사람들로부터 자주 듣는 말은 "채널이 무엇에 관한 것이어야 하는지, 혹은 유튜브를 하는 목적이 무엇이어야 하는지 잘 모르겠어요"이다. 자신의 유튜브 채널의 정체성이나 목적을 찾는데 어려움을 겪고 있다면 열정passion, 능숙함proficiency, 수익성profit 을 아우를 수 있는 무언가를 기반으로 생각해 볼 것을 추천한다.

마이클 하이야트Michael Hyatt 는 저서 《세상과 타협하지 않고 진짜 나로 살기 위한 인생 계획》Living Forward: 2016 (에스파스)에서 열정에 대해 이야기한다. 그는 "자신이 무엇에 대해 열정을 느끼는지 알기 위해서는 아무런 대가가 없어도 기꺼이 할 수 있는 것이 무엇인지를 스스로에게 물어보라"고 말한다. '흥미를 자극하는 일시적인 관심이 아니라, 가신이 진정으로 믿고 소중하게 여기는 것은 무엇인가'에 대해 생각해 봐야 한다는 것이다. 이를 곰곰이 생각해 봐야 하는 이유는 유튜브는 단거리 달리기가 아니라 마라톤처럼 장기적인 관점을 가지고 달려야 하는 여정과 닮았기 때문이다. 이것은 분명 고된 작업이다. 하지만, 자신의 채널에 대한 깊은 애정과 열정이 없다면 유튜브에서 영향력을 형성해 나가는 동안 겪는 기복의 순간에 자발적인 동기를 지속시키기 어려워질 것이다.

또한, 열정으로 가득 차 있더라도 이것만으로는 부족하다. 능숙함도 필요하기 때문이다. 거의 50만 명의 팔로어를 보유하고 있는 '가드닝'gardening(정원가꾸기) 유튜버 존 코흘러John Kohler 는 비료화 처리, 화단 만들기, 즙 짜기, 샐러드 섭취 등 가드닝에 단순히 열정을 가지고 있을 뿐만 아니라, 오랜 시간 동안 자신의 분야에 대한 전문성을 키워왔다. 가드닝에 대한 모든 것을 학습하고 훈련한 것이다. 가드닝은 그에게 일생의 작업이다. 그는 열정과 능숙함을 겸비하여 유튜브에서 이익을 낼 수 있는 수단과 함께 승승장구하고 있다.

마지막으로 생각해 봐야 할 것은 수익성이다. 존은 유튜브 채널로 돈을 벌지는 않는다. 대신에 유튜브 콘텐츠를 통해 자신의 주스회사에 대한 구매자들의 소비 욕구를 부추긴다. 이처럼 수익화를 위해서는 자신이 선택한 분야에 맞는 시장이 반드시 있어야 한다.

열정과 능력은 있는데 시장이 없다면 취미밖에 되지 않는다. 반면, 자신의 분야에 대한 지식도 있고 시장도 있는데 열정이 없다면 향후 자신의 성공을 싫어하게 될지도 모른다. 시장도 있고 열정도 있는데 아직 숙련도가 떨어진다면 아마도 성공하긴 어려울 것이다. 그렇다고 여러분이 세상에서 가장 박학다식한 사람이어야 한다는 의미는 아니다. 자신이 선택한 분야에서 저명한 전문가이거나, 그 분야에 대한 학위가 있어야 할 필요는 없다. 자신이 알고 있는 것, 다른 사람들이 알았으면 하는 것을 자신의 진실된 관점에서 공유하고 거기서부터 성장해 나가면 된다. 열정과 능숙함, 수익성을 결합하여 틈새시장을 발견한다면 궁극적 목표에 한 발짝 가까워진 것이다.

자신의 영역 찾기

비디오 인플루언서스^{Video Influencers} 채널을 시작했을 당시 우리의 가장 중요한 목표는 사람들이 온라인 영상과 유튜브의 힘을 발견할 수 있도록 돕는 것이었다. 그리고 우리 스스로에게 먼저 "가장 많은 사람들에게 영향을 미칠 수 있는 방법은 무엇일까?"를 물었다. 초반에는 책을 통해 이러한 정보를 전달하는 것이 최선의 방법일 것이라고 생각했다. 하지만, 시간이 지나면서 우리의 비전은 보다 확대되었다.(추후 이들의 목표는 온라인 영상과 유튜브의 힘을 발견하는 수준을 넘어서 콘텐츠 제작 방법, 제작 장비 리뷰 등 다양한 주제로 확대됨) 그래서 책은 김시 보류하고 비디오 인플루언서스 유튜브 채널과 SNS 계정을 만들어 콘텐츠를 제작하기 시작했다. 사람들에게 우리의 메시지를 강하게 전달하기 위해서는 그들의 관심과 주의를 끌고 이 주제에 대한 흥미를 갖게 해야 한다는 것을 인식했기 때문이다.

우리는 먼저 유튜브 구독자 10만 명을 목표로 잡고 이를 달성하기 위해 노력했다. 따라서 책을 출간할 때는 이미 우리의 영향을 받은 커뮤니티가 형성되어 있었다. 실제로 책을 출간하기도 전에 2만 5,000명이 이메일 뉴스레터 수신 신청을 하고 있었다. 채널은 기대 이상으로 성장했다. 현재 비디오 인플루언서스의 유튜브 구독자 수는 30만 명을 넘어섰고, 뉴스레터 수신 신청을 한 사람은 10만 명이 되었다. 우리는 많은 사람들이 온라인 동영상 공간에서 엄청난 기회를 발견하고 자신의 영향력을 키우고 소득을 창출하기 위해 행동하는 모습을 보면서 큰 보람을 느끼고 있다.

우리는 시작하기 전부터 우리기 달성해야 할 최종적인 목표를 세웠다. 그리고 그 목표를 달성하기 위해 필요한 단계를 역으로 설계해 보았다. 세 가지 P, 즉 열정^{Passion}, 능숙함^{Proficiency}, 수익성^{Profit}을 고려해 최선을 다해 콘텐츠를 제작했고, 구독층을 형성하기 위해 노력했더니, 자연히 목표했던 결과가 따라왔다.

자신만의 영역을 찾는다는 것은 자신이 도달하고 싶은 목적지를 알고 그곳에 이르기 위해 자신만의 로드맵을 만들 수 있다는 것을 의미하는 것이다.

컨텐츠의 명료화

에릭 코노버Erik Conover는 전업 세계여행가를 꿈꿨지만 그럴 만한 경제적 능력이 되지 않았다. 그는 경비를 마련하기 위해 유튜브 동영상을 제작하기로 했다. 그는 이미 영상제작 경험이 있었기 때문에 이를 활용해 자신의 목표를 달성하고자 한 것이다. 처음에 그는 당시 자신이 살던 곳인 뉴욕의 명소들을 배경으로 관광객을 대상으로 하는 브이로그Vlog를 촬영하기 시작했다. 그는 여행을 가고 싶은 시청자들의 마음을 자극했다. 결과적으로 그는 자비로 여행을 시작했지만, 나중에는 유튜브 수익만으로 여행을 할 수 있게 되었다. 2년 만에 에릭은 구독자 수를 0명에서 30만 명으로 늘렸으며, 지금은 여행에 대한 열정과 전문성을 통해 삶을 즐기고 있다.

이처럼 원하는 것이 뚜렷하면 모든 행동이 궁극적인 목표로 향하게 되어 있다. 에릭은 자신이 9시부터 5시까지 일하는 전형적인 직장생활과는 맞지 않는다는 것을 알았다. 그는 세계 구석구석을 여행하고 싶었으며, 그 목표를 향해 나아간 것이다. 그는 자신의 채널에 장난스러운 행동이나 코미디를 연출하지 않았다, 그러한 콘텐츠는 그기 궁극적으로 추구하는 목표로 향하게 하지 않기 때문이다.

그는 현재 전 세계 관광 회사들과 일하며 포춘^{Fortune} 500대 기업의 스폰서를 받고 있고, 여행 브이로거 공간에서 인플루언서로 고공 행진 중이다. 이것이 바로 콘텐츠를 명확하게 만든 것의 힘이다.

퀼트와 코바늘 뜨개질 채널을 운영하는 멜라니 햄$^{Melanie Ham}$은 남편이 군대에 있는 동안 집에서 돈을 벌자는 간단한 목표를 가지고 유튜브를 시작하였다. 그는 퀼트와 코바늘 뜨개질을 정식으로 배운 적은 없었지만, 열정이 있었으며 솜씨도 좋았다. 그래서 그는 자신이 가진 지식을 온라인상에서 공유하기로 마음먹었고, 유튜브에 구독자를 만들어 가기 시작했다. 현재 그는 유튜브 광고와 자신의 제품을 판매하면서 수익을 거두고 있다. 그가 판매하는 제품은 채널과 직접적인 연관이 있다. 명확한 초점과 궁극적 목표, 그리고 세 개의 'P'가 결합된 덕에 멜라니는 현재 유튜브에서 상당한 수준의 소득을 올리고 있다.

자신의 운영하는 유튜브 채널의 틈새시장, 그리고 나아가고자 하는 방향을 알았다면 반드시 아래 두 개의 질문에 대한 답을 찾아야 한다.

대상이 누구인가?

누구를 위한 콘텐츠인가? "모두"라고 말하는 것은 잘못된 대답이다. 이것은 실패로 향하는 지름길이다. 모두를 타깃으로 삼는다면 결국 그 누구에게도 닿지 못하게 될 것이다. 자신과 관심사를 공유하는 특정 사람들을 대상으로 해야 한다. 그들이 여러분의 콘텐츠에 관심을 보일 것이기 때문이다.

에릭 코노버의 경우에는 타깃 구독자가 여행 브이로그를 즐겨 보는 사람들일 것이다. 그러나 똑같은 사람들이 멜라니 햄의 채널로 들어가 퀼트에 관한 영상을 보지는 않을 것이다. 에릭과 멜라니는 업로드하는 동영상마다 관심을 끌었으면 하는 특정 집단의 사람들이 정해져 있으며, 그렇기 때문에 두 사람 모두 성공적인 유튜버가 될 수 있었다.

타깃 구독자를 정할 때 다음과 같은 질문을 자신에게 해보길 바란다. 연령대가 어떻게 되는가? 그들의 취미는 무엇인가? 그들의 관심사는 무엇인가? 국적은 어디인가? 직관적으로 이해되지 않을 수 있지만, 유튜브에서의 성공을 이루기 위해 중요한 것은 타깃층을 좁히는 것이다. 실제로 초반 타깃층이 작을수록 더 빨리 성장하는 양상을 나타낸다.

대상을 명확히 하기 위한 10가지 질문

1. 대상이 남성인가, 여성인가, 아니면 둘 다인가?

2. 그들의 연령대는 어떻게 되는가? 여러분의 연령대에서 5살 이내의 범위로 대상을 선정할 것을 권장한다.

3. 대상이 어떤 형태의 일을 하고 있는가, 또는 어떤 직업을 가지고 있는가?

4. 그들의 열정은 무엇인가?

5. 그들이 방문하는 Top 3 웹사이트는 무엇인가?

6. 그들이 팔로우하고 있는 Top 3 트위터, 인스타그램, 페이스북 페이지는 무엇인가?

7. 유튜브에서 시청하고 있는 Top 3 인플루언서는 누구인가?

8. 그들의 사회적 환경은 어떠한가? 기혼, 미혼, 자녀유무, 가족 등.

9. 그들의 연간 수입 수준은 어느 정도인가?

10. 재량 소득으로 소비하고 있는 상품이나 서비스는 무엇인가? (서적, 디지털 제품, 여가 소비 등)

무엇을 제공할 것인가?

타깃 구독층을 구체화했다면 이제 그들에게 무엇을 제공할 것인지를 정해야 한다. 동영상은 얼마나 자주 올릴 것인가? 일주일에 한두 번? 한 달에 한 번? 오락 목적의 콘텐츠, 교육용 콘텐츠, 영감을 주는 콘텐츠, 정보성 콘텐츠, 혹은 동기부여 목적의 콘텐츠 중 어떤 것을 제공할 것인가? 질문에 대한 대답을 종이에 써보고 미리 생각해 보라.

만일 엘리베이터에서 낯선 사람에게 자신의 유튜브 채널을 홍보할 시간이 20초 동안 주어진다면 어떻게 홍보할 것인가? 채널을 통해 무엇을 기대할 수 있는지, 누구를 대상으로 하는 채널인지, 왜 관심을 가져야 하는지, 삶에 어떤 부가적 가치를 제공할지, 왜 중요한지를 설명하라. 많은 유튜브 채널이 성장하지 못하는 이유는 크리에이터들이 시간을 들여 타깃 구독층을 정하고 뚜렷한 목표와 가치 혹은 왜 사람들이 자신의 콘텐츠에 관심을 가져야 하는지에 대해 깊이 생각하지 않기 때문이다.

자신의 동영상을 보고 있는 누군가를 상상해 보라. 유튜브 사이트로 가서 검색란에 무언가를 친다. 그들은 무엇을 찾고 있는가? 어떤 콘텐츠를 찾고 있는가? 그들이 겪고 있는 문제 중 여러분의 유튜브 채널이 줄 수 있는 해답은 무엇인가? 잊지 말아야 할 점은, 유튜브는 다른 무언가이기 전에 검색엔진이라는 점이다. 답하고자 하는 문제와 세상에 제공하고자 하는 가치를 명확히 할 필요가 있다. 시청자의 입장에서 생각해 보면 문제를 찾고 해답을 제공할 수 있을 것이다.

성공 사례

벤지[Benji]는 요리에 푹 빠져 있었기에 요리 채널을 시작했다. 그가 만일 그의 열정을 유튜브를 통해 공유하지 않았더라면 다른 곳에서라도 공유하고 있을 것이다. 그는 요리를 오직 스스로 터득했으며 정식으로 훈련을 받은 적이 없었다. 식당에서 일한 경력도 전혀 없다. 그러나 거의 평생 동안 요리를 해왔기에 꽤 능숙해졌다. 그는 음식을 좋아하고 요리에 대한 열정이 있는 사람들과 교류하고 싶었기에 채널을 시작했던 것이다. 돌이켜볼 때 그는 유튜브를 시작하길 굉장히 잘했다고 생각한다. 그의 채널은 현재 35만 명의 구독자를 보유하고 있으며, 그의 요리법 영상은 2,000만 번 이상 조회되었다.

구독층을 형성하기 위해 그는 우선 인기있는 레시피에 대한 콘텐츠를 제작함으로써 다른 사람들과 교류하기 시작했다. 그는 단 한 번도 자신을 공식적인 '입문'[how-to] 요리사로 분류하지 않았다. 대신에 그저 훌륭한 레시피들을 공유하기 시작했고 요식업을 더 깊이 공부했으며 자신의 구독층을 늘려갔다. 시간이 지나면서 광고, 브랜드 계약 등을 통해 수익을 얻었고 뿐만 아니라, 자신의 유튜브 채널을 통해 상상할 수도 없었던 놀라운 기회와 경험을 얻게 되었다.

얼마 전에 그는 시애틀에서 가장 멋진 레스토랑인 칸리스[Canlis]에서 독특한 경험을 했다. 유튜브에서 요리사로서의 명성을 쌓은 덕에

레스토랑 사장이 벤지와 그의 아내가 앉아 있던 테이블로 찾아와서 그들을 와인 저장실로 초대한 것이다. 그곳에서 벤지와 아내는 희귀한 샴페인과 스카치를 맛볼 수 있었다. 또 한 번은 전설적인 스테이크 하우스인 몽태규 브로일러^{Montague Broiler}의 주방에서 요리를 해 볼 기회를 얻기도 했다. 이는 주로 유명한 셰프나 푸드 네트워크 채널 스타들에게나 주어지는 특권 같은 것이었다.

유튜브는 비단 돈벌이 수단으로만 국한되지 않는다. 유튜브에서 영향력을 키워가면서 어떤 기회를 얻을지, 어떤 관계를 맺게 될지, 혹은 어떤 새로운 경험을 하게 될지 아무도 모르기 때문이다. 구독자 수, 조회 수와 같은 수치적인 부분을 명확히 하는 것을 넘어서 자신이 어떤 라이프스타일을 추구하는지에 대한 명확한 아이디어가 있어야 한다.

벤지는 음식에 대한 열정을 중심으로 만들어진 라이프스타일을 원했다. 자유롭게 장을 보고 요리를 하고 매일같이 맛있는 음식을 먹으며 이를 통해 생계를 꾸리는 삶을 원한 것이다. 벤지는 열정적이면서도 능숙했기 때문에 기업들은 그와 협력하여 제품을 홍보하고 싶어 했다. 그는 이를 적극 활용하여 스폰서들과 직접 연관이 있는 코너를 만들어 채널에 올렸다. 예를 들어, '차와 함께하는 화요일'^{Tea Tuesday}이라는 코너가 있는데, 이곳에서 자신이 가장 좋아하는 차에 대해서 이야기한다. 이 코너 때문에 그는 수도 없이 많은 차를 무료로 제공받을 수 있었다.

션은 15년간 영상제작업에 종사하였다. 그는 자신의 전문성을 기르는 과정에서 다양한 카메라를 연구하고 구매하고 사용해 왔다. 순전히 독학을 통해 얻은 지식이지만, 그는 자신이 카메라와 영상에 대해 자연스럽고 신뢰가 가는 방식으로 이야기할 수 있다는 것을 깨닫게 되었다. 이러한 이유로 그는 카메라 안내책자를 몇 시간씩이나 들여다볼 시간이 없는 사람들에게 조언과 솔루션을 제공하는 사람이 됐다.

션은 그의 전문성을 5분 길이의 설명 영상으로 만들어 그의 유튜브 채널인 씽크미디어^{THiNK Media}에 올렸다. 그의 목표는 사람들이 최고의 카메라와 조명을 찾을 수 있도록 돕고 영상제작을 가르치는 것이었다. 그 과정에서 그는 다양한 수입원을 통해 전업 소득을 얻을 수 있게 되었으며, 현재 씽크미디어^{THiNK Media}의 구독자 수는 50만 명을 넘어섰고, 그의 동영상은 2,800만 번 이상 조회되었다.

"ToThe9s"를 운영하는 캐시^{Cassie}와 리치^{Ricci}는 명확성을 통해 혜택을 본 유튜버의 좋은 예시이다. 이들이 2014년에 채널을 운영하기 시작했을 때는 여타 사람들처럼 플랫폼에서 인플루언서가 되고 싶다는 일반적인 관심사만 있었다. 하지만, 이내 패션에 대한 열정으로 콘텐츠를 제작하기 시작했다. 지난 몇 년간 수많은 다양한 콘텐츠를 올렸지만, 항상 패션이라는 동일한 중심 주제에서 벗어나지 않았다.

이후 이들은 200개의 동영상을 제작했으며, 조회 수 3천만 뷰, 구독자 60만 명을 기록하면서 그들이 제대로 된 방향으로 나아갔다는 것을 증명했다. 그들은 유튜브를 전업 직업으로 삼으면서 동시에 다수의 패션브랜드와 협업해 콘텐츠 지원을 받았다. 최근에는 아디다스 캐나다와 파트너십을 맺기도 했다.

그들은 팬층을 위한 전용 인스타그램 계정(@wearetothe9s)도 가지고 있다. 이 계정은 팔로어들이 제공한 사진들을 게시하는 용도로 사용된다. 그들은 팬들이 자발적으로 콘텐츠를 만들게 함으로써 그들의 인스타그램에 8만 명의 팔로어를 모을 수 있었다. 그들이 던진 명확한 메시지가 일반 시청자를 열성팬으로 변화시켰던 것이다.

캐시와 리치를 처음 만났을 때 그들은 자신들의 장기적인 목표는 패션을 위한 여행이라고 말한 적이 있다. 지금 그들은 전 세계 수십만 명의 팬들을 통해 이러한 목표를 달성하게 되었다. 유튜브로 성공한 이 시점, 이들에게는 패션에서 벗어나 트렌드에 맞는 콘텐츠나 새로운 것을 시도해 보고 싶은 유혹이 있을 수 있었겠지만, 이들은 아직까지 패션이라는 명확한 자신들의 콘텐츠를 고수하고 있다. 일상을 촬영한 브이로그에서도 옷을 고르거나, 옷가게에서 쇼핑하는 모습을 담으며 콘텐츠의 명확성을 유지하기 위해 노력하고 있는 것이다.

명확성은 강한 힘을 갖고 있다. 그리고, 최종 목표에 대한 뚜렷한 이해는 자신이 그 목표를 달성하기 위해 어떤 단계가 필요한지 알게 한다. 자신이 달성하고자 하는 궁극적인 목표가 무엇인지 이해하고, 구독층이 누구인지 정의해보고, 어디에 초점을 맞출 것인지를 확실히 했다면, 이제 콘텐츠를 위한 기반을 구축하고 자신만의 채널을 만들어 유튜브의 여정을 시작해 보자.

CHANNEL :
콘텐츠를 위한 집 만들기

"첫인상을 남기는데 두 번의 기회는 없다."

_윌 로저스(Will Rogers)

우리 둘 다 파티를 매우 좋아한다. 파티를 싫어하는 사람이 어디 있겠는가? 맛있는 음식을 맛보고 가족, 친지들과 시간을 함께 보내는 것만큼 즐거운 일은 없다. 그러나 손님을 처음 집에 초대하는 것이라면 적지 않은 스트레스를 받을 수도 있다. 그들에게 집에 대한 좋은 첫인상을 남기고 싶기 때문이다.

그렇다면 어떻게 손님 맞을 준비를 해야 하는가? 집을 완전히 정리하고 보기 좋게 꾸며야 한다. 유튜브도 마찬가지다. 유튜브의 채널은 콘텐츠를 담고 있는 집과 같은 역할을 한다. 따라서 시청자에게 좋은 첫인상을 줄 수 있게 노력해야 한다.

첫 번째 단계는 물론 채널을 만드는 것이다. 채널은 곧 콘텐츠가 사는 곳이다. 이는 웹사이트와 비슷하다고 보면 된다. 개인화하고 맞춤화해서 자신만의 것으로 만들 수 있기 때문이다.

유튜브 채널을 TV 채널과 같다고 생각하면 이해가 빠르다, 사람들은 스포츠를 보고 싶으면 ESPN 채널을 보고, 코미디를 보고 싶을 땐 코미디 채널을 본다. 음악과 엔터테인먼트를 좋아한다면 MTV 채널을 볼 것이다. 자신의 동영상을 이런 채널에서 방영되는 프로그램이라고 생각해 보라. TV 채널과 마찬가지로 여러분의 유튜브 채널도 하나의 브랜드가 될 수 있는 일관된 콘셉트가 흐르고 있어야 한다.

누군가가 여러분의 동영상을 한 번 보고 나면 그 채널 자체를 구독할 수 있도록 일관된 콘셉트가 있어야 한다는 것이다. 이것이 바로 브랜드의 중요성이다. 사람들이 동영상을 본 후 이 채널이 전달하고 싶은 메시지가 무엇인지 알 수 있어야 한다. 채널의 목적과 채널에 대한 열정이 뚜렷할수록 구독자 수가 증가할 확률이 높다.

첫 걸음

유튜브 채널을 시작하는데 한 가지 좋은 점은 완전히 무료라는 점이다. 지메일^{Gmail} 주소만 있으면 된다. 없다면 하나 만들어라. 그리고 유튜브 채널을 위한 계정을 만들어라. 너무나도 간단하다.

여기까지 했으면, 채널에 이름을 붙여줘야 할 것이다. 만일 개인의 브랜드나 능숙한 실력을 홍보하고자 한다면 이름 석 자만큼이나 간단하게 채널명을 지을 수도 있다. 성공한 수많은 채널들이 이런 식으로 채널명을 지었다.

다른 옵션은 채널에 창의적인 브랜드나 비즈니스명을 부여하는 것이다. 이는 구체적일수록 좋다. 때문에 채널이 다루는 주제를 채널명에 포함시키는 것도 고려해 보기 바란다. 그렇게 되면 타깃층에 채널을 더 명확하게 어필할 수 있다.

예를 들어 너드 피트니스$^{Nerd\ Fitness}$(Nerd :멍청하고 따분한 사람)는 게이머나 괴짜, 컴퓨터광들을 위한 운동 채널이다. 타깃 구독층과 채널의 주제를 결합한 훌륭한 이름이다. 에픽 밀 타임$^{Epic\ Meal\ Time}$(장대한 식사 시간) 채널은 사람들이 2만 칼로리 정도 되는 슈퍼사이즈 라자냐 등을 먹는 별난 동영상들을 만든다. 채널명이 콘텐츠와 아주 잘 맞아떨어진다.

채널명을 어떻게 만들어야 할 지 모르겠는가? 비디오 인플루언서스 채널에 있는 다음 영상에서 확인해 볼 것을 추천한다. Tube SecretsBook.com/NameIdeas

웹사이트 URL 주소를 유튜브 채널명으로 사용하는 것도 좋은 생각이다. 비록 당장 웹사이트를 사용할 수 없더라도 나중에 유튜브의 성공으로 사용할 때를 대비해 미리 URL 주소를 만들어 놓는 것이다. 비슷하게 채널명으로 SNS 아이디를 만들 수 있는지도 확인해 보라. 사용 가능한 아이디라면 다른 사람들이 사용하기 전에 처음부터 만들어 놓아야 한다.

우리는 비디오 인플루언서스^{Video Influencers}라는 이름을 처음 떠올렸을 때 URL 주소로도 가능한지 확인한 후 바로 등록했다. 우리의 주된 SNS 채널인 인스타그램, 트위터, 페이스북도 확인하여 동일한 이름으로 아이디를 만들었다.

만일 URL이나 SNS에서 채널명과 동일한 아이디를 사용할 수 없다면 어떻게 해야 할까? 그렇다고 곤란해 할 필요는 없다. 채널명을 바꿔야 한다는 뜻이 아니다. 사용 가능한 아이디 중 가장 비슷한 아이디를 고르면 된다. 예를 들면, 우리는 트위터에서 아이디를 생성할 때 @VideoInfluencer를 아이디로 채택했다. 트위터의 글자 수 제한 때문에 알파벳이 하나 더 포함되어 있는 @VideoInfluencers를 사용할 수 없었기 때문이다.

그렇다고 해서 이것이 성공의 걸림돌이 되지는 않는다. 여러분의 경우도 마찬가지일 것이다. 하지만 처음부터 채널명과 가장 비슷한 이름을 선택한 후 다음 단계로 넘어갈 것을 추천한다. 채널, 웹사이트, SNS 계정에 동일한 아이디를 사용해 미래에 다가올 기회를 선점하는 것이 중요하기 때문이다.

채널명으로 상표 등록도 가능한지 확인해보라. 향후 채널의 규모가 커지면 자신의 제품을 판매하고 홍보하는 등 이전에는 생각지도 못한 일들을 하게 될 수도 있다. 우리는 비디오 인플루언서스^{Video Influencers}가 더욱 성장할 것이라 확신했다. 따라서 채널이 잘 알려지기도 전에 상표로 등록했다. 훗날 채널 자체를 하나의 브랜드로 키워 나갈 생각이었기 때문이다. 향후 채널을 통해 의류나 다른 제품을 판매하게 된다면 이를 통해 미리 브랜드를 확보할 수 있게 된다.

눈에 띄도록 하라

채널도 만들고 채널명도 골랐으면 몇 가지 중요 사항을 더 채워 넣어야 한다. 먼저 할 일은 아바타^{avatar}를 선택하는 것이다. 아바타는 채널명 옆에 있는 작은 정사각형 이미지이다. 개인 채널이라면 잘ㅣ

온 얼굴 사진을 찾아라. 브랜드라면 로고를 사용해야 한다. 어떤 것을 고르든 눈길을 끌 수 있는 흥미롭고 뚜렷한 이미지로 설정해야 한다.

둘째는 유튜브 커버 아트^{cover art}이다. 커버 아트는 채널 페이지 상단에 있는 커다란 배너를 말하는데, 이는 사람들에게 콘텐츠에 대한 첫인상을 심어준다. 누군가가 여러분의 채널에 들어 왔을 때 상대에게 채널에 대한 인상을 남길 시간은 최대 5초밖에 되지 않는다. 따라서 커버 아트는 상대의 관심을 끌고 제대로 된 인상을 남겨야 한다. 채널이 누구를 대상으로 하는 것인지, 무엇에 관한 것인지, 왜 구독자에게 필요한지를 반드시 전달해야 한다. 누구나 첫인상의 기회는 한 번밖에 오지 않는다. 채널의 경우도 마찬가지다. 따라서 커버 이미지를 통해 강한 인상을 남기도록 해야 한다.

셋째로 채널에 채워 넣어야 할 것은 SNS 계정이다. 여러분이 운영하는 SNS 계정이나 웹사이트는 유튜브를 통해 쉽게 이동할 수 있다.

마지막으로 '정보'^{about} 페이지를 작성해야 한다. 이 항목에는 단순히 여러분이 누구고, 무슨 채널인지에 대한 설명을 넘어, 이 채널을 통해 시청자들이 무엇을 기대할 수 있는지, 왜 도움이 되는지, 어떤 가치를 제공할지를 명확하게 표현해야 한다. 때로 사람들은 '정보' 페이지에 지나치게 '자기'^{me} 중심적인 소개 글을 작성한다. 이를테면 "이 채널은 제 자신과 제 생각을 담고 있습니다. 구독 부탁드립니다"라고 작성한다. 이런 어투로 작성하는 것은 추천하지 않는다. 대신 '여러분'이라는 말을 더 많이 사용하기 바란다. "여러분께서는 편한 마음으로 볼 수 있는 영상, 격려의 메시지, 실시간 방송 등을 접하실 수 있습니다." 이와 비슷한 방식으로 작성할 것을 추천한다. 이곳에 이메일 링크를 걸어 기업이나 브랜드 혹은 다른 사람들이 여러분과 협업을 위해 연락할 수 있게끔 할 수도 있다. 유튜브상에서 영향력을 키워 나가면서 앞으로 어떤 기회를 접하게 될지는 아무도 모른다.

이렇게 채널 페이지를 최적화하는 것은 선반에 놓인 코카콜라 Coca-Cola와 일반 콜라 브랜드의 차이와 같다. 채널을 꾸미기 위해 한층 더 노력해야 한다는 것이다. 페이지를 최대한 단장하여 설령 여러분의 동영상이 다른 채널들과 비슷하더라도 비주얼적인 면에서는 명확하고 눈에 띄도록 해야 한다.

명심하라. 누군가 여러분의 채널에 들어왔을 때 첫인상을 남길 수 있는 시간은 단 5초이다. 이것이 왜 채널을 최대한 멋지게 꾸미기 위해 조금 더 시간을 들여야 하는지에 대한 이유다.

결국은 콘텐츠이다

이번 장에서는 채널명에 대해 생각해볼 것을 권했고, 채널 페이지를 설정하는 몇 가지 팁을 제시했다. 채널을 만드는 것은 결국 자신의 브랜드를 형성하는 것이나 다름없다. 그렇기 때문에 무엇보다 전략이 중요하고 최선을 다할 것을 권한다. 하지만, 단순히 이 단계에만 머물지는 말기 바란다. 결국 가장 중요한 것은 채널명이나 채널 아트가 아닌 콘텐츠이다. 다음 장에서는 효과적인 콘텐츠를 만들고 원하는 타깃층에 도달하며, 영향력을 키워가는 방법에 대해 설명할 것이다.

CONTENTS :
지속적인 영향 남기기

"콘텐츠 마케팅은 가장 마지막까지 남을 유일한 마케팅이다."

_세스 고딘(Seth Godin)

영화나 TV 프로그램을 보다가 중간에 꺼버린 경험이 있는가? 누구나 그런 경험을 갖고 있을 것이다. 이유가 무엇일까? 흥미를 계속 끌지 못했기 때문이다. 책을 읽다가 그대로 덮은 적이 있는가? 이 책을 중간에 덮어버리길 바라진 않지만, 책을 읽다가 중간에 멈추는 이유는 그만큼 주의를 끌지 못하기 때문이다 또는, 쓸 만한 정보가 없거나, 영감이나 동기부여를 주지 않기 때문일 것이다.

콘텐츠가 삶에 부가가치를 주지 못하면 그 콘텐츠는 버려질 수밖에 없다. 우리는 버튼 하나로 빠르게 동영상을 정지하고 다른 동영상을 재생할 수 있는 세상에 살고 있다. 유튜브에서든 다른 플랫폼에서든 콘텐츠를 만들 때는 가치가 중시되어야 한다. 이러한 가치는 뉴스를 통한 정보의 전달일 수도 있고, 코미디를 통한 엔터테인먼트 목적일 수도 있으며, 교육이나 심지어 브이로그를 통한 더 깊이 있고 개인적인 수준까지의 교류일 수도 있다. 이를 넘어 사람들에게 주는 영감이나 동기부여일 수도 있다.

사람들은 무언가를 얻을 것이라는 기대감에 유튜브를 찾는다. 어떤 종류의 동영상을 만들지 고민 중이라면 사람들에게 어떠한 가치를 제공하고 싶은지 생각해 봐야 한다. 선천적인 재능이 있거나 연예인처럼 뛰어난 외모를 가졌거나 매력적이지 않다면 승패를 좌우하는 결정적인 요소는 여러분이 제공하는 가치이다. 유튜브는 수많은 평범한 사람들이 자신이 만든 콘텐츠가 지니는 가치를 통해 슈퍼스타로 거듭나 새로운 인생을 살 수 있게끔 하는 수단이 되었다.

가치 전달하기

훌륭한 콘텐츠란 보는 사람의 삶에 가치를 더하는 것이다. 따라서 스스로 '시청자들이 어떠한 가치를 얻을 수 있는가?'를 질문해 보라.

모든 콘텐츠는 아래 제시된 요소 중 최소한 하나는 전달해야 한다고 생각한다.

뉴스와 정보

흥미로운 사실이나 속보, 최근 가십거리, 세계적인 사건 등을 제시하는 채널들이 여기에 속한다. '그리스에서 해야 할 10가지'와 같은 상위 10가지(Top 10)에 관한 채널도 여기에 포함된다.

오락/엔터테인먼트

이러한 콘텐츠는 보는 사람을 박장대소하거나 울고 웃게 만든다. 또한, 공유가 가능하고 눈을 떼기 어려울 정도로 재미있다.

교육

교육적인 콘텐츠는 시청자들의 문제해결을 돕거나 무언가를 더 잘할 수 있게 하거나 새로운 것을 배울 수 있게 한다.

영감과 동기 부여

영감과 동기 부여는 연관성이 있다. 이러한 종류의 동영상은 시청자의 결의를 북돋우고 고무되게 한다. 자신에 대한 자신감과 자존감을 높여준다. 시청자들의 한 주에 힘이 되어 준다.

소통과 커뮤니티

시청자와 소통함으로써 시청자가 '연결되어 있다'는 느낌을 주는 콘텐츠이다. 이런 콘텐츠는 지역사회 혹은 커뮤니티를 연결함으로써 시청자로 하여금 공동체에 대한 소속감을 느끼게 한다.

콘텐츠 고르기

유튜브에서 어떤 종류의 콘텐츠를 즐겨 보는가? 아마 여러분은 음식을 좋아하는 사람일 수도 있을 것이다. 그렇다면 먹방을 선호하는가? 아니면 요리 채널을 선호하는가? 가장 가치 있다고 생각하는 것이 무엇이며 재현하고 싶은 것이 있다면 어떤 것인가?

아니면 유튜브에서 볼 수 없는 종류의 콘텐츠나 유튜브에서 제대로 제작되지 않은 콘텐츠 중에서 여러분이 즐기면서 할 수 있는 것이 있는가? 다른 사람들이 이미 하고 있는 것을 재현하거나 개선하는 것도 전혀 문제될 것이 없지만, 이왕이면 새로운 것을 제작하는 것이 더 효과적이다. 어떤 것을 고르든지 자신의 경험, 기량과 재능, 성격이 잘 묻어나는 콘텐츠를 선정해야 한다. 이런 적정한 콘텐츠를 찾기 위해서는 어느 정도의 자기인식이 필요하다.

자신에게 맞는 콘텐츠를 찾기 위해 가장 중요한 점은 자신의 장점을 살려야 한다는 것이다. 여러분은 분석적이고 사실을 중시하는 사람인가? 그렇다면 정보성의 콘텐츠를 고려해 보라. 주변 사람에게 여러분이 용기를 북돋아주고 자신감을 불어넣는 타고난 재능이 있다는 말을 들은 적이 있는가? 그렇다면 동기부여와 영감을 줄 수 있는 콘텐츠를 강구해 보라. 교류하는 것을 좋아하여 사람들이 소속감을 느끼게끔 하는 것에 흥미를 느끼는가? 그렇다면 교감하고 공동체를 만드는 콘텐츠에 집중하라.

우수한 콘텐츠 크리에이터들은 이 모든 것을 아우르는 콘텐츠를 만든다. 유튜브상에서 인기 있는 단어인 '에듀테인먼트'^{edutainment}는 교육^{education}과 엔터테인먼트^{entertainment} 요소를 결합한 콘텐츠를 일컫는다. 이를 잘하는 사람들은 어마어마한 성공을 거두고 있다. 최고의 콘텐츠 크리에이터는 유용한 정보를 제공하고 영감을 주며 교육성과 오락적인 요소도 제공하면서 커뮤니티도 형성한다.

얼마나 자주 콘텐츠를 게시할 것인가

유튜브에서는 대개 다다익선의 법칙이 통한다. 채널에 콘텐츠를 더 자주 올릴수록 더 많은 주목을 받게 된다. 그러나 더 중요한 것은 일관성이다. 자주 업로드하고 콘텐츠의 질을 유지하는 것이 중요하다는 것이다. 따라서 많은 시간과 노력이 들어가는 일을 계속할 수 있는 의지가 있는지 분명히 해야 한다.

불임에서부터 임신까지의 과정을 기록해 구독자 수 120만 이상을 보유하고 조회 수 5억에 도달한 가족 브이로거 엘리^{Ellie}와 제어드 메컴^{Jared Macham}은 우리와의 인터뷰에서 유튜브에서 성공하기 위한 간단한 법칙을 공유했다. 그것은 바로 CQC이다. 이는 일관성^{Consistent} 있는 양질^{Quality}의 콘텐츠^{Content}의 머리 글자이다.

누구나 알고 있는 유튜브 성공 비결 중 하나는 양질의 콘텐츠를 꾸준히 올리는 것이다. 유튜브에 플랫폼을 만들고 자신만의 브랜드를 키울 계획이라면 새로운 영상을 매주 하나씩은 올릴 것을 추천한다. 그 이상으로 올리면서 콘텐츠의 질도 유지할 자신이 있다면 그것도 좋지만 양보다는 질이 중요하다고 생각한다.

모든 콘텐츠는 시청자에게 가치를 제공해야 한다. 만일에 52일 동안 매일같이 동영상을 올려놓고 이후로는 아무것도 올리지 않는다면 매주 하나씩 52주 동안 올리는 것만 못할 것이다. 유튜버가 되고 콘텐츠를 제작하면서 의욕이 앞서는 사람들이 있는데, 그렇게 되면 결국 지치게 된다. 차라리 콘텐츠를 장기간에 걸쳐 업로드하는 편이 낫다. 그리고 이것을 실천함으로써 실질적인 성과를 보게 될 것이다.

유튜브 채널이 텔레비전 채널과 비슷하다는 것을 잊으면 안 된다. 여러분이 선호하는 프로그램은 일주일에 한 번 특정 시간대에 방영되기 때문에 시청자들이 신뢰할 수 있다. 시청자와의 신뢰, 활기, 충성심을 쌓고 싶다면 동일한 가치를 정기적으로 전달해야 한다. TV 프로그램처럼 주간으로 운영하는 것이 최소한의 기준이다.

인기 있는 TV 프로그램이 갑자기 결방된다면 어떻게 되겠는가? 팬들은 분노할 것이고, 프로그램에 대한 신뢰가 떨어질 것이다. 한 번이 아니라 그 이상 결방이 잦다면 어떻게 될까? 그렇게 되면 그 프로그램은 영구적으로 시청자들을 잃게 되고 팬들은 "프로그램이 취소되었나? 더 이상 방영하지 않는 건가?"라고 생각하기 시작할 것이다. TV 프로그램이 일관성을 잃게 되면 사람들은 그 프로그램은 잊고 새로운 콘텐츠를 찾게 된다. 유튜브에서도 이와 마찬가지이다. 유튜브에서 진정으로 영향력과 소득을 올리기를 원한다면 반드시 일관성을 유지해야 한다.

눈에 띄는 동영상을 만들어라

콘텐츠를 만들기 전 필요한 것은 자신의 원하는 분야에서 성공한 유튜버들의 콘텐츠를 살펴보고 아이디어를 적어 보는 것이다. 그들의 콘텐츠에서 마음에 드는 부분은 무엇인가? 마음에 들지 않는 부분은 어떤 부분인가? 자신의 콘텐츠에 어떤 아이디어를 적용할 수 있는가? 관심분야 이외의 동영상을 보는 것도 도움이 될 수 있다. 관련성이 전혀 없는 곳에서 오히려 좋은 아이디어를 얻을 수도 있기 때문이다.

콘텐츠 자체의 가치가 제작, 편집보다 중요하다. 다시 말해서, 콘텐츠가 흥미롭지 않다면 세상에서 가장 좋은 카메라로 찍은 고화질의 사진이라고 해도 관객에게 임팩트^{impact}를 주지는 못한다. 가치가 결여되었다면 동영상이 아무리 잘 만들어졌다고 해도 소용없다. 그러나 영상의 퀄리티도 여전히 중요하기 때문에 흥미로운 콘텐츠를 가지고 있다면 영상의 퀄리티도 높일 것을 추천한다.

콘텐츠를 개선하고 싶은 사항이 있다면 어떤 것인지 목록으로 만들어 보라. 새로운 카메라로 화질을 개선하고 싶은지, 조명을 개선할 수 있는지, 콘텐츠를 시각적으로 돋보일 수 있게 집이나 스튜디오, 사무실, 작업실 등을 더 나은 모습으로 장식할 수 있는지. 그리고 다음 문장을 지침으로 삼아라. '항상 가진 것에서부터 시작하고 시간이 지나면서 개선하라.' 이는 콘텐츠와 제작물의 질을 모두 개선하기 위해 필요한 지침이다.

여러분이 이미 구독층을 형성했다면 콘텐츠를 개선하기 위한 또 다른 팁은 피드백을 받는 것이다. 구독자들은 참여하고 있다는 느낌을 좋아한다. 성공적인 유튜버들은 피드백을 통해 계속해서 성장하고 커뮤니티로부터 장단점과 개선점, 추가적인 콘텐츠 아이디어를 얻으면서 배워 나간다. 구독자들에게 댓글로 피드백을 남겨 달라고 하라. 유튜브 설문 조사 기능이나 서베이몽키^{SurveyMonkey}(온라인 설문조사 서비스)를 활용하는 것도 고려해 볼 수 있다. 커뮤니티를 구축하고 싶다면 콘텐츠에 지속적으로 팬들이 몰려야 하고 커뮤니티와 활발히 교류해야 한다.

이제 다음 장에서는 이에 대한 최고의 팁을 공유하도록 하겠다.

COMMUNITY :
시청자 사로잡기

"인터넷은 미래에 등장할 글로벌 마을의 광장이 되고 있다."

_빌 게이츠(Bill Gates)

유튜브 인플루언서와 할리우드 인플루언서의 본질적 차이는 관객과의 소통 여부다. 관객과 관계를 형성하는 것은 신뢰를 쌓는 핵심이다. 그리고 그 신뢰를 통해 새로운 기회를 찾을 수 있다.

우리는 영화를 굉장히 좋아한다. 특히 발을 앞으로 뻗고 등을 뒤로 기대며 액션과 코미디와 스릴을 만끽할 수 있는 영화라면 더할 나위 없이 좋다. 하지만 유튜브는 영화와 다르다. 시청자들은 소파에 기대어 콘텐츠에 몰두하지 않는다. 그들은 앞으로 몸을 기울여 상호적인 대화에 참여하길 원한다. 단순히 콘텐츠를 제작하여 유튜브에 올리는 것만으로는 부족하다. 커뮤니티를 구축하는 것이 중요한 것이다.

허핑턴포스트Huffington Post의 최근 기사에 따르면 유튜브 시청자 수가 케이블TV 시청자 수를 압도적으로 앞서고 있다고 한다. 구글의 통계자료에 따르면, 유튜브는 미국의 그 어떤 케이블 네트워크보다 더 많은 18세에서 49세 시청자들을 보유하고 있다. 아무런 대화없이 콘텐츠를 들이미는 이전 방식은 현 세대와 맞지 않는다. 여러분의 콘텐츠가 더욱 성장하기 위해서는 커뮤니티를 형성해야 한다.

자신의 커뮤니티 찾기

자신의 콘텐츠에 형성된 커뮤니티가 어떤 성향인지 파악하는 것은 중요하다. 반드시 알아야 할 점은 자신의 커뮤니티가 유튜브 구독자들로 구성된다는 점이다. 모든 유튜버는 구독자 수를 최대한 늘리고 싶어 한다. 구독자가 많을수록 동영상이 더 많은 주목을 받기 때문이다. 구독자를 늘리는 것은 다음 단계로 진입하는 데 필요하다.

사람들이 여러분의 동영상을 보는 것을 데이트에 비유해 보자 ㄱ

들이 구독을 시작했다면, 이는 첫 데이트에서 다음 관계로 들어갈 단계로 발전했다는 것이다. 구독을 한다는 것은 시청자가 여러분의 콘텐츠가 마음에 들어 정기적으로 보고 싶어 한다는 것을 의미한다. 콘텐츠의 업데이트를 원하고, 교류를 하기 원하며, 계속 머무를 의지가 있는 것이다.

꿀팁:

유튜브는 채널에 대한 알림 설정 기능이 있으니 구독자들에게 알림 수신 버튼을 누를 것을 권하여 열성 구독자가 되게 해 보라. 구독자들은 새로운 동영상이 올라올 때마다 알림을 받게 될 것이다. 종처럼 생긴 이 알람 버튼을 울리도록 설득하는 것은 마치 첫 데이트에서 좋은 관계로 발전해 약혼 단계에 이르는 것과 같다. 최종 단계는 결혼에 이르는 것이며, 이것은 누군가 여러분의 고객이 되거나, 더 나아가 투자를 받는 단계이다.

만일 사람들이 여러분의 유튜브 채널과 연결된 SNS 계정을 팔로우한다면, 또 다른 차원의 커뮤니티를 형성하게 된다. 이런 사람들은 여러분의 동영상에 열광하고 콘텐츠를 계속 접하고 싶어 하며, 소통에도 활발히 참여하고 싶은 사람들이다. 항상 시청자들에게 여러분의 SNS을 팔로우해 달라고 하라. 이렇게 상호교류를 가치 있게 여기는 시청자가 모이게 되면 채널의 성장에 큰 영향을 미친다. 이것이 트위터 같은 플랫폼에서 사람들의 트윗에 답글을 남기고 게시물을 리트윗하는 것을 중요하게 생각하는 이유이다.

만일 채널에 구독자가 0명인 상태에서 시작한다면? 어떻게 무에서 유를 만들 수 있을까? 사실 따지고 보면 누구나 다 구독자 수 0명에서 시작하니까 낙담할 필요는 없다. 먼저 이미 알고 있는 친구, 가족, 지인, 동료부터 초대하라. 사람들에게 직접 말하는 것을 두려워하지 마라. 전화나 문자를 하라. 사람들에게 "나 유튜브 채널 시작했는데, 도움을 받을 수 있을까 해서. 구독 좀 해줄 수 있니? 해주면 정말 고마울 것 같아"라고 말해라. 구독해 주기로 한 사람들은 구독층의 초기 주축이 될 것이다. 알고 있는 모든 사람에게 채널에 대해 알리고 도움을 요청하라. 주변 사람에게 채널을 알리면서 사람들이 여러분의 영상에서 무엇을 얻고자 하는지 명확히 파악할 수 있고, 채널을 홍보하는 연습 기회로 삼을 수도 있다.

또한 SNS 프로필이나 이메일 서명란 등 기재할 수 있는 모든 곳에 유튜브 채널 링크를 기재하라. 구독자 수 0명에서 시작하는 것은 쉬운 일이 아니다. 초기 시청자층을 최대한 빨리 만들어야 한다. 이것이 유튜브에서 영향력을 쌓기 위한 첫 걸음이다.

계속해서 커뮤니티를 형성하라

콘텐츠를 유튜브에 게시한 후에 커뮤니티를 구축하는 최고의 방법은 사람들에게 구독할 것을 요청하는 것이다. 항상 시청자들에게 채널을 구독할 것을 재차 알려라. 많은 콘텐츠 크리에이터들이 시청자들이 구독에 대해 알고 있을 것이라 생각할 수 있는데 사실, 많은 시청자들이 구독에 대해 모르거나 전혀 구독할 생각을 하지 않는다. 모든 동영상에서 사람들에게 구독을 권하는 크리에이터들은 대개 더 많은 관객층을 보유하고 있다.

> **꿀팁:**
>
> 시청자들에게 구독해야 하는 좋은 이유를 제시하라. 그렇다고 끊임없이 요청하면서 귀찮게 하지는 마라. 구독을 요청할 때 유튜버들이 범하는 큰 실수는 시청자들을 채널의 가치로 설득하는 것이 아니라, 그저 필사적으로 구독하기를 구걸한다는 것이다. 사람들에게 구독을 권하는 좋은 방법 중 하나는 다음과 같다. "매주 올라오는 신선한 레시피 영상을 놓치지 않기 위해 구독 누르는 것도 잊지 마세요." 이런 식으로 단순히 구독을 부탁하는 것이 아니라 구독을 해야 하는 합당한 이유를 제시하는 것이다.

커뮤니티를 형성하는 두 번째 방법은 사람들에게 동영상에 대한 댓글을 작성하도록 권하는 것이다. 그리고 사람들이 댓글을 남기면 항상 이에 대한 답변을 남기고 특히 갓 시작한 단계라면 더욱 성실히 답변하도록 하라. 비디오 인플루언서스^{Video Influencers}에서는 각 동영상마다 오늘의 질문을 제시하여 사람들이 댓글로 참여할 수 있게끔 한다. 이렇게 꾸준히 그리고 반복적으로 참여를 유도해 유튜브 채널을 통한 활발한 커뮤니티를 구축할 수 있었다.

꿀팁:

유튜브 알고리즘을 적극 활용하기 위해서는 시청자와 댓글을 통해 교류하는 것이 중요하다. 동영상에 댓글과 소통이 많으면 유튜브 알고리즘이 이를 포착해 해당 동영상이 더 유의미한 것처럼 인식하게 된다. 따라서 검색 결과에서도 여러분의 동영상이 우위를 차지하게 된다.

유튜브가 TV나 영화와 같은 전통적인 대중 매체와 차별화되는 이유는 바로 시청자와 소통할 수 있다는 점 때문이다. 시청자들은 모든 동영상에 대한 직접적인 피드백 겸 의견을 제시할 수 있다. 게시물에 대해 비평하고 칭찬하고 건의할 수 있다는 점이 묘미인 것이다. 따라서 모든 시청자의 의견에 반응해 채널에 형성된 커뮤니티를 더욱 공고히 구축해야 한다.

그러나 유튜브 댓글만으로는 부족하다. 이를 넘어 다른 SNS 계정을 통해서도 사람들과 교류해야 한다. 우리는 모든 댓글, 트윗, 페이스북 메시지에 응답하는 것을 목표로 삼고 있다. 채널이 성장할수록 모든 것에 반응하기가 쉽지 않겠지만, 초기 단계에 이러한 의지를 갖는 것은 매우 중요하다.

물론 쉽지 않은 일이고 시간도 많이 걸린다. 바쁘겠지만 팬들에게 투자할 시간만큼은 확보해야 한다. 정기적으로 찾아오는 시청자 없이 성공할 수 있는 유튜브 채널은 없다. 모든 크리에이터가 그 어떤 수단과 방법을 가리지 않고 시청자 커뮤니티와 열성적으로 소통해야 하는 이유이다.

커뮤니티에 이름 붙이기

많은 유명 유튜버들이 팬들을 위해 커뮤니티에 이름을 붙인 바 있다. 게임 영상을 제작하는 가장 유명한 유튜버 중 한 명인 퓨디파이^{PewDiePie}는 팬들을 "형제들"^{bros}이라고 부른다. 가족 브이로그 채널인 삭콘졸리스^{SacconeJolys}는 시청자들을 "가장 친절한 친구들"$^{friendliest friends}$이라고 칭한다. 우리는 시청자 커뮤니티를 "인플루언서들"^{influencers}이라고 부른다. 게리 베이너척$^{Gary Vaynerchuk}$이나 제이크 폴$^{Jake Paul}$과 같은 개인 브랜드 유튜버들은 자신의 관객층을 각각 "베이니악스"^{Vayniacs}와

"제이크 폴러스"^{Jake Paulers}라고 부른다. 커뮤니티에 이름을 붙이면 팬들은 자신이 속한 커뮤니티나 집단에 대해 소속감을 느끼고 함께 어울릴 수 있게 된다.

깊이 있게 교류하기

시청자들과 더 깊게 교류하길 원한다면 직접 메시지를 보내거나 영상을 통해 응답할 수도 있다. 우리는 트위터에서 종종 트위터 비디오를 통해 답신을 보내곤 하는데 반응이 매우 좋다. 페이스북이나 인스타그램 혹은 스냅챗 다이렉트 메시지를 통해 응답할 수도 있다. 시청자들은 이러한 직접적인 교류를 실제 동영상 콘텐츠만큼은 아니더라도 매우 소중하게 생각한다.

우리는 영상에서 30초에서 60초 가량은 특정 시청자에 대한 감사를 표하거나 커뮤니티로부터 받은 질문에 답변하기 위해 사용한다. 영상을 통해 자신이 이름을 언급되면 이들은 용기를 얻기도 하고 놀라기도 한다. 우리가 그들에게 신경을 쓰고 있다는 것에 감사를 표하기도 한다. 팬들과 깊이 있는 소통을 하고 있는 댓크리스찬블러거 ThatChristianVlogger 채널의 저스틴 코이^{Justin Khoe}를 예로 들어 보자. 그가 채널을 시작한 목적은 사람들의 신앙생활과 성경에 대한 이해를 돕기 위함이었다. 그는 채널이 성장하던 초기 단계에 항상 따로 시간을 할

애해 모든 이메일에 답장을 했고, 질문을 하는 모든 사람에게 전화나 스카이프를 통해 회신했다. 이 과정에서 그는 시청자들과 깊은 관계를 맺었을 뿐 아니라, 채널 운영에 있어 중요한 피드백을 받기도 했다.

저스틴은 피드백을 활용해 커뮤니티에 대해 더 깊이 이해하고 더 유익한 콘텐츠를 만든다. 그리고 커뮤니티의 일원으로 성실히 활동한 덕에 전업 유튜버로서 커리어를 시작할 수 있었다. 그는 크라우드 펀딩과 시청자들의 지지로 인해 1년이 조금 지나면서부터 소득을 얻을 수 있었다.

깊이 있는 관계는 중요하다. 커뮤니티와 어떻게 의미 있는 교류를 이어갈 수 있을지 항상 고민해야 한다. 그렇게 하다 보면 결국 성공에 이르게 된다. 커뮤니티를 구축하고 육성해 나간다면 신뢰를 쌓을 수 있다. 그리고 신뢰를 바탕으로 시청자들과 활발한 교류를 하기 시작한다면, 이는 결국 소득으로 이어진다.

쥬디^{JUDY}처럼 성공하라

벤지의 아내이자 잇츠 쥬디 타임^{It's Judy Time} 채널의 운영자 쥬디^{Judy}는 일찍이 성공한 유튜버 중 한 명이다. 10년차 유튜버인 그녀는 수백만 명의 구독자와 수천 개의 동영상, 10억이 넘는 조회 수를 자랑한다. 그녀는 처음에 메이크업 동영상으로 시작하였으나, 지금은 자신의 제품을 판매해 큰 성공을 이루었다. 그녀는 또한 유튜브 본사와 협업하고 있는 비즈니스 파트너이기도 하다.

사람들이 그녀의 경우에 어떻게 그토록 성공하고 유명해 질 수 있었느냐고 물으면 우리는 성공의 요인을 콘텐츠가 아닌, 그녀가 시청자와 쌓은 신뢰라고 말한다. 그녀는 상대적으로 덜 유명했던 유튜브 커리어의 초기 몇 년 동안, 자기 시간의 절반만 콘텐츠를 제작하는 데 사용했다. 그리고 나머지 시간은 시청자와 소통하는 데 썼다. 매일같이 밤 10시부터 새벽 두세 시까지 시청자와 직접 소통했다.

당시에 응대하던 시청자들은 그녀의 열성팬도 아니었다. 그들은 단순히 댓글이나 트윗을 남기고 블로그 게시물을 작성하던 사람들이었다. 쥬디는 많은 시간을 들여 질문에 답변하고 동영상 주제에 대해 소통하면서 커뮤니티가 무엇인지 알기도 전에 자신만의 커뮤니티를 형성할 수 있었다. 그녀가 오늘날 다른 크리에이터들과 차별화되는 이유는 시청자들을 자신의 콘텐츠만큼이나 소중히 여겼기 때문이다.

그녀가 새로운 제품을 온라인에 출시할 때마다 당일 품절 대란이 일어나는 것을 보면 그녀의 팬층이 얼마나 열성적이고 충성심이 높은지 알 수 있다. 팬들의 재고 문의에 사이트 방문자 수가 폭주하기도 한다. 지난 5년 동안 새 제품이 출시될 때마다 팬들은 항상 이와 같은 반응을 보였다.

쥬디는 10년 만에 자신의 영역에서 가장 신뢰받는 인플루언서가
되었다. 바로 이러한 신뢰 관계가 유튜브 크리에이터들과 다른 연예인
들과의 차이를 만드는 본질이다. 신뢰는 얻을 수 있는 모든 기회에 대
한 기반을 만든다.

진정한 팬을 만들어라

처음 업로드하는 영상부터 시청자의 참여를 통해 커뮤니티를 형
성해야 한다. 유튜브를 전업으로 삼거나, 개인 브랜드로 만들기 위해
많은 시청자가 필요한 것은 아니다. 참여도가 높은 진정한 팬만 있으
면 된다. 워싱턴 시애틀에서 열리는 연례행사인 브이로거 박람회
VloggerFair의 창시자인 크리스 피릴로Chris Pirillo는 "커뮤니티의 크기는 교
류의 깊이보다 중요하지 않다"고 말한 바 있다.

이와 비슷한 얘기를 케빈 켈리Kevin Kelly가 쓴 기사에서도 찾아볼 수
있다. 그는 "성공적인 크리에이터가 되기 위해 수백 달러 혹은 수백 명
의 고객, 클라이언트, 팬은 필요하지 않다. 공예가, 사진가, 음악가, 디
자이너, 작가, 애니메이터(만화영화 제작자), 앱 개발자, 사업가, 발명가
로 살아가기 위해서 필요한 것은 오직 1천 명의 진정한 팬뿐이다"라고
말했다.

켈리의 말을 실제로 계산해 보면 다음과 같다. 매년 한 명의 팬으로부터 평균 100달러의 수익을 거두기 위해서는 충분한 양의 콘텐츠를 제작해야 한다. 이 책에서 제시하고 있는 이익 창출 전략을 활용할 수 있다. 하지만, 이것을 명심해야 한다. 새로운 팬을 찾는 것보다 기존의 팬들에게 더 많은 콘텐츠를 제공하는 것이 훨씬 수월하다. 그들과 직접적인 관계를 형성해 그들을 통해 수익을 거둘 수 있어야 한다. 그렇게 된다면 각 팬으로부터 100달러를 온전히 받을 수 있게 된다. 그렇다면, 연간 10만 달러를 벌기 위해 1,000명의 팬만 있으면 된다. 대부분의 사람들에게는 아주 훌륭한 벌이인 셈이다.

특히 갓 시작한 단계라면 1,000명의 진정한 팬을 모으는 것이 100만 명을 목표로 삼는 것보다 훨씬 쉽다. 하루에 한 명의 팬만 만들 수 있다면 몇 년 안에 1,000명은 모을 수 있다. 시청자와 신뢰를 쌓으면서 진정한 팬으로 구성된 커뮤니티를 구축하라. 그러한 신뢰와 참여가 지속적인 수입원이 될 것이다.

다음 장에서는 콘텐츠에 수익성을 부여하는 법과 여러분의 열정을 이익으로, 창의성을 커리어로 전환하는 방법에 관해 설명할 것이다.

CASH : 콘텐츠를 수익화하라

"돈이 아닌 비전을 좇아라. 돈이 결국 여러분을 따라올 것이다."

_토니 셰이(Tony Hsieh), 자포스 CEO

어떤 이들은 돈에 관해 이야기하는 것을 금기로 생각한다. 우리가 성장해온 배경과 방식은 돈에 대한 감정과 사고를 부정적으로 생각하는 경향이 있기 때문이다. 그러나 한 가지 확실한 것은 돈은 목표를 따라오고, 또한 목표를 달성하는 원료로 사용된다는 점이다.

따라서 유튜브에서 영향력을 형성해 가기 위해 채널의 존재 이유와 사명, 동기를 굳건히 다질 것을 권장한다. 유튜브를 시작한 목적이

전 세계 사람들에게 영향을 미치는 것이든, 커뮤니티를 형성하는 것이든, 혹은 재미나 영감을 제공하거나 자신과 가족을 경제적으로 뒷받침하는 것이든 그 이유를 항상 머릿속에 새겨두고 있어야 한다는 것이다.

또한 유튜브를 통해 여러분의 목표와 비전을 잘 보여주기 위해서는 자원이 필요하다. 구체적으로 말해 자금이 필요하다. 자금은 콘텐츠와 제작의 질을 높일 수 있고 여러분에게 보다 자유로움을 준다. 자금을 통해 여러분은 직원이나 어시스턴트를 채용해 팀을 꾸릴 수도 있고, 여러분이 좋아하는 자선단체를 지원할 수도 있다. 돈이 있으면 효율을 극대화하는 것이 가능하다.

유튜브에서 수익을 얻는 방법

우리가 유튜브를 통해 소득을 벌 수 있는 10가지 방법을 여러분과 공유하기 전 한 가지 충고하고 싶은 것은, 절대로 돈을 좇지 말라는 것이다. 이것은 좌절로 향하는 지름길이기 때문이다. 먼저 여러분의 열정, 목적, 사명에 집중한 다음 소득은 그로부터 생기게 해야 한다. 이 장에서는 수익을 얻을 수 있는 한 가지 방법만을 제시하지 않는다. 수익을 낼 수 있는 방법은 책 한 권으로 설명하기에도 너무 많다. 때문에 여기서는 몇 가지 핵심 전략과 아이디어만 제공하고자 한다.

애드센스(AdSense)

유튜브에서 돈을 벌 수 있는 첫 번째 방법이자 가장 잘 알려진 방법은 애드센스 프로그램을 활용하는 것이다. 유튜브 채널의 구독자 수가 1,000명이 넘고 시청 시간이 4,000시간을 넘을 경우 애드센스 프로그램을 통한 수입 공유가 가능해진다. 애드센스 프로그램은 유튜브에서 여러분의 동영상이 재생되기 전 하단이나 측면에 광고를 띄우고 그 대신 광고 수익을 여러분과 나누는 것이다.

애드센스를 통해 벌 수 있는 수익은 천차만별이다. 우리 경험에 따르면, 미국의 크리에이터들은 동영상이 1,000번 조회될 때마다 평균 2달러를 받는다. 따라서 유튜브 콘텐츠로 한 달에 2,000달러를 벌고 싶다면 매월 조회 수가 100만에 달해야 한다. 이는 결코 쉬운 일이 아니다. 특히 일관성 있게 이런 소득을 얻는 것은 더욱 어렵다. 때문에 에드센스는 우리가 생각하는 가장 좋지 않은 수익화 전략이다. 평생 채널 조회 수가 100 정도밖에 되지 않을 수 있는 대부분의 인플루언서들에게는 실용적인 수단이 아니기 때문이다.

애드센스 전략은 장난, 코미디, 뉴스, 오락 채널 등 조회 수가 높은 종류의 채널에 가장 적합하다. 빠르게 퍼져 나갈 수 있는 콘텐츠가 적절하다. 우리는 존^{John}과 니키^{Nikki}라는 커플을 인터뷰했다. 그들이 운영하는 프랭크스터 인 러브^{Pranksters in Love} 채널에서 그들은 서로에게는 물론이고, 다른 사람들에게도 가벼운 장난에서부터 극단적인 장난에 이르기까지 다양한 장난을 친다. 그렇게 함으로써 조회 수가 3억 8,800만이 넘었다. 그렇기 때문에 애드센스는 그들에게 적합한 수입원이라 할 수 있다.

여러분의 유튜브 채널이 이러한 카테고리에 해당되지 않거나, 조회 수를 늘리지 못한다고 해서 조바심 느낄 필요는 없다. 조회 수가 높지 않아도 콘텐츠를 수익화 할 수 있는 방법은 다양하기 때문이다.

제휴 마케팅

제휴 마케팅은 회사 제품을 홍보해줌으로써 수수료를 받는 방식이다. 과정은 간단하다. 좋아하는 제품을 찾아 홍보하고 판매될 때마다 수익의 일부를 받는 것이다. 제휴 마케팅 프로그램을 진행하고 있는 회사를 찾기만 하면 된다. 가장 흔한 제휴 프로그램은 온라인으로 가입할 수 있는 아마존 어소시에이츠Amazon Associates이다. 승인만 받으면 아마존 제품으로 연결되는 자신의 링크를 만들 수 있으며, 시청자가 링크를 누를 때마다 제품 가격의 4~10%를 커미션으로 받을 수 있다.

링크 클릭 수를 높일 수만 있다면 여러분의 소득은 빠르게 증가할 것이다. 제휴 마케팅은 모든 종류의 유튜브 채널에 적합하지만, 특히 미용, 기술, 리뷰 채널에 유용하다. 왜냐하면, 이들 채널의 특성상 영상에서 특정 제품을 다루기 때문이다. 외모, 디지털, 서비스, 라이브 이벤트 등 여러분의 관심사와 관련 있는 제품이 있다면, 이에 맞는 적합한 제휴 프로그램을 찾을 수 있을 것이다.

시청자 수가 상대적으로 적더라도 제휴 마케팅을 통해 10만 달러가 넘는 액수의 소득을 벌어들일 수도 있다. 션은 수년간 카메라를 가지고 작업했기 때문에 비디오 인플루언서스^{Video Influencers} 외에도, 씽크 미디어^{THiNK Media}라는 채널을 통해 사람들에게 최고의 카메라와 영화 제작 도구에 대한 조언을 주기 시작했다. 그는 정기적으로 제품에 대한 리뷰를 올렸다. 그가 올린 대부분의 영상은 제품을 홍보하고 구매 링크를 제공했기에 제휴 링크는 매우 유용하게 작용했다. 결과적으로 션은 유튜브 동영상과 제휴 마케팅을 결합하여 10만 달러가 넘는 고정 수입을 만들 수 있었다.

제휴 마케팅 프로그램을 운영하는 기업은 아마존뿐만이 아니다. 타깃^{Target}, 월마트^{Walmart}, 콜스^{Kohl's}, 세포라^{Sephora}, 노드스트롬^{Nordstrom} 등 다른 수많은 리테일 기업들도 여러분이 신청할 수 있는 제휴 마케팅 프로그램을 운영하고 있다. 제휴 마케팅의 가능성은 거의 무한하다. 따라서 여러분이 어떤 유형의 채널을 운영하는지와 상관없이 한 번쯤 생각해 볼 만한 수입원이다.

상품 혹은 서비스 자체 제작
개인 제품이나 서비스를 자체적으로 제작하는 것도 유튜브 채널을 수익화 할 수 있는 방법 중 하나다. 자신의 제품을 판매하는 경우의 장점은 수익의 일부가 아니라, 수익의 전부를 여러분 몫으로 가져간다는 점이다. 많은 유튜버들이 티셔츠나 커피잔, 모자, 다른 옷가지 등의 제품을 제작한 바 있다. 티스프링Teespring이나 Merch.Amazon.com과 같은 웹사이트는 수월하게 제품을 제작할 수 있도록 돕는다. 의류나 커피잔 이외의 제품을 제작할 수도 있다. 교육용 서비스나 전자책 등의 디지털 제품을 제작할 수도 있다.

비디오 인플루언서스Video Influencers에서 우리가 인터뷰한 멜라니 햄Melanie Hamm은 공예와 DIY 채널을 운영하고 있다. 그녀는 수많은 무료 동영상을 제공하는 동시에 더 깊이 있는 내용을 포함한 유료 디지털 교육 영상도 제공한다. 이처럼 자신이 가지고 있는 그 어떤 지식도 디지털 상품으로 만들어 시청자에게 제공할 수 있다. 자신의 관심 분야와 비전에 관련된 컨설팅이나 코칭을 해줄 수도 있다.

이 전략을 통해 구독자 수가 적은 유튜버들도 무료 동영상과 함께 가치 있고 저렴한 콘텐츠를 함께 제공하여 10만 달러가 넘는 액수의 소득을 거둬들이는 경우를 보았다. 여러분과 더 깊이 있게 교류하고 싶어 하는 팬이 생긴다면 여러분이 자체 제작한 제품이나 서비스는 더욱 큰 가치를 얻게 될 것이다. 또한 이를 통해 커뮤니티를 형성하고 팬들과 교류할 수 있을 것이다.

무료 상품 거래

한 푼을 아꼈으면 한 푼을 번 것이나 마찬가지다. 수익을 추구하면서 사람들이 흔히 잊어버리는 것은 절약을 했다면 그것은 소득이나 마찬가지라는 점이다. 절약한 만큼 다른 곳에서 그 돈을 사용할 수 있기 때문이다. 유튜브에서는 제품 리뷰나 홍보를 해주면 무료로 제품을 보내주는 브랜드나 기업을 찾을 수 있다.

벤지가 당시 약혼녀였던 쥬디와 처음 유튜브를 시작했을 때, 그들은 재정적으로 어려운 상황이었다. 벤지는 결혼 비용을 준비해야 했기 때문에 션에게 결혼 관련 동영상 시리즈 제작을 도와달라고 부탁했다. 그들은 함께 결혼 준비 관련 주제로 에피소드를 만들었다. 그리고 웨딩드레스 회사 등 스폰서를 해줄 만한 브랜드를 찾아 연락했다. 예를 들면 쥬디가 처음으로 웨딩드레스를 입어 보는 모습을 담은 에피소드를 만들었을 때는 웨딩드레스 회사로부터 드레스를 무료로 받았고, 그 대가로 해당 에피소드에 그 드레스의 모습을 담았다. 결혼 시리즈는 결국 10회까지 이어졌으며 결혼식을 포함한 결혼의 모든 과정을 담게 되었다. 대부분의 에피소드는 무료 제품 지원으로 이루어졌으며, 일부지만 금전적 지원도 받을 수 있었다.

모든 시리즈가 금전적 지원을 받아 제작된 것은 아니지만, 결국 쓸 수밖에 없었던 돈을 아끼게 된 셈이다. 시청자 수가 많아야지만 이러한 무료 제품 혜택을 누릴 수 있는 것은 아니다. 시청자 수가 많지는 않더라도, 시청자 타깃이 명확하다면 이런 혜택들을 받을 수도 있다.

비디오 인플루언서스$^{Video Influencers}$ 커뮤니티의 일원인 미구엘^{Miguel}은 음악 녹음 작업에 관한 팁을 공유하는 채널을 운영하기 시작했다. 그와 그의 아내는 뮤지션이다. 그들은 노래와 EP 앨범(정규보다는 짧은 러닝 타임을 가진 미니 앨범)을 만들기 위한 레코드 작업을 하고 있는데, 이들은 다른 사람도 이런 음악 작업을 할 수 있게 돕고 싶었다. 그의 채널은 타깃이 명확하기 때문에 구독자 수가 500도 안 되던 때에도 7,000달러가 넘는 제품과 소프트웨어를 무료로 받을 수 있었다. 기업들은 시장이 작더라도 시청자층이 브랜드의 타깃 대상과 같다는 것을 증명할 수 있는 인플루언서들을 좋아한다.

구독자 수가 10만 명이 넘는 전업 유튜버든, 시작한 지 얼마 안 되어 구독자 수가 1,000명 미만인 유튜버든 누구나 SNS나 이메일, 심지어 전화로 무료 제품을 쉽게 구할 수 있다. 알고 보면 생각보다 많은 기업들이 무료 제품을 제공한다는 사실에 놀라게 될 것이다. 여러분의 콘텐츠를 통해 기업의 제품을 무료로 받게 될 때마다 여러분은 유튜브에 대해 더 많이 배우고 능숙해질 것이며 더 많은 기회를 얻을 것이다.

특히 식당 같은 소기업이나 지역사업체 등에 여러분이 제공할 수 있는 가치는 그들을 홍보해 줄 동영상을 제작하는 것이다. 기업이 전문적으로 양질의 동영상을 제작하려면 수백에서 수천 달러의 비용이 들 수 있다. 따라서 크리에이터로서 영상을 무료로 제공해주고 그 대신 회사로부터 무언가를 얻을 수 있는 것이다.

음식과 여행을 매우 좋아하는 유튜버가 있었다. 당시 그의 채널은 팔로어가 거의 없었지만 우리는 그에게 이런 기법을 충분히 활용하라고 조언했다. 그는 현지 식당을 방문해 식당 사이트에 사용할 수 있는 양질의 동영상을 제작해 줄 테니 대신 무료 식사를 제공해 달라고 부탁했다. 식당 측은 이 거래에 동의했다.

이러한 경험은 그에게만 국한되는 것은 아니다. 이런 식의 교환은 자주 일어난다. 기업의 입장에서 이러한 동영상은 조회 수가 적더라도 고유한 가치를 지니고 있기 때문이다. 여러분의 콘텐츠를 통해 기업의 제품을 무료로 제공받는 것은 유튜브 채널을 시작하는 입장이라면 활용해 볼 만한 전략이다.

기존 사업과 연계

사람들은 대개 유튜브 환경에서만 수익을 얻는 것에 초점을 둔다. 그러나 유튜브는 외부 수단으로 활용될 수 있으며 기존의 사업을 확장하는 서비스가 될 수 있다. 예를 들어 여러분이 운영하는 가게가 있다고 가정해 보자. 매출은 전적으로 가게에서 올리지만 유튜브 채널을 활용해 사업을 홍보하는 콘텐츠를 제작할 수 있다. 동영상으로 직접 이익을 거두는 대신, 사람들을 수익 창출이 일어나는 가게로 유도하는 것이다.

벤지가 부동산 사업을 구상하고 있었을 때, 그는 사람들이 부동산에 관해 자주 물어보는 질문에 답을 제공하는 홈딜즈TV^{HomeDealzTV} 채널을 시작하기로 했다. 주택 구매 방법, 주택 가격 매기기, 좋은 중개업자 찾기 등 사람들이 부동산업자에게 자주 물어보는 질문을 모아, 간단하지만 흥미로운 방식으로 답을 제공했다. 이 채널의 시청자는 상대적으로 적었지만 이를 통해 지역 부동산 네트워크에 가치를 제공했고, 클라이언트를 유치했으며, 자신의 사업을 호전시킬 수 있었다. 이전에는 자산 거래 수가 연간 10건 이하였는데, 현재는 100건을 넘어섰다. 이 모든 것은 유튜브 채널로 가치를 제공하고자 했던 간단한 아이디어 덕분에 가능했다.

수익화에 있어서 유튜브는 기본적으로 소통의 수단이라는 점을 기억하라. 한때는 동네 집집마다 찾아가 제품과 서비스를 판매하는 것이 가장 직접적인 소통의 방법이었기 때문에 충분히 유용한 수단이었다. 오늘날 유튜브는 더 광범위한 규모로 이와 같은 일을 할 수 있는 디지털 수단을 제공한다. 스마트한 사업가와 브랜드들은 이제 유튜브와 같은 도구를 활용해 접근성을 높이고 온라인 수익을 확장해야 한다.

현재 사업가로 활동하고 있다면 잠재 클라이언트와 고객에게 자신의 영상을 통해 어떤 유형의 가치를 전달할 수 있는지 스스로 질문해 보길 바란다. 답변에 제시할 수 있는 질문들이 있는가? 팁이나 조언을 제공할 수 있는가? 시청자들을 위해 가치를 만들 수 있다면 사람들을 자신의 사업으로 끌어들일 수 있다.

크라우드펀딩

크라우드펀딩CROWDFUNDING 이란 킥스타터Kickstarter, 인디고고Indiegogo, 패트리온Patreon, 고펀드미GoFundMe 등과 같은 인터넷 사이트에서 다수의 사람으로부터 소액의 모금을 통해 프로젝트나 벤처에 대한 재정적 지원을 받는 것을 말한다. 유튜브에서는 패트리온Patreon이 정기적인 지원을 장려하기 때문에 많은 인기 채널 대부분은 패트리온을 이용하고 있다.

패트리온을 통해 유튜버들은 사람들에게 보통 월 단위의 특정 금액을 지원받고, 지원받은 금액에 따라 그들에게 구체적인 보상을 제공한다. 그 보상은 후원자들만 볼 수 있는 Q&A 영상이나 영상 끝 크레딧 부분에 후원자의 이름을 명시하는 것일 수 있고, 후원자에게 가치를 줄 수 있는 다른 무엇이 될 수도 있다.

댓크리스찬블로거ThatChristianVlogger의 저스틴 코이Justing Khoe는 패트리온을 시작하기 약 1년 전부터 영향력과 신뢰를 쌓고 시청자와의 관계를 형성해 왔다. 그는 패트리온을 통해 60명이 넘는 사람들이 자신의 채널을 매월 지원해주기로 한 덕분에 유튜브를 전업으로 삼을 만큼 수익을 거둘 수 있었다.

필립 디프랑코^{Phillip DeFranco}는 유튜브에서 인기 있는 뉴스 채널을 운영 중이며 막대한 구독층을 보유하고 있다. 필립은 애드센스를 통해 유튜브에서 수익을 내고 있었다. 그러나 최근 수정된 유튜브 광고 정책에 의해 그의 콘텐츠 대부분이 '광고주와 친화적이지 않음'으로 분류되어 하룻밤 사이에 그가 벌어들이던 애드센스 수익이 사라지고 말았다. 이에 따라 필립은 패트리온 계정을 만들었고, 1만 3,000명 이상이 그의 진보적인 뉴스와 엔터테인먼트 네트워크 제작에 대한 비전을 지원하겠다고 참가하였다. 패트리온을 통해 시청자들은 매월 적게는 5달러에서 많게는 1,000달러까지 필립의 채널을 지원할 수 있다. 모든 지원자가 5달러 수준으로 지원한다고 해도 매월 6만 5,000달러의 지원금이 모이게 되는 셈이다.

크라우드펀딩은 일반적으로 일이 진행되는 방식을 완전히 뒤바꾼다. 과거에는 사람들이 상사나 게이트키퍼의 승인이나 지원에 의존했지만, 크라우드펀딩은 크리에이터들이 그들의 비전을 통해 가장 혜택을 받는 사람들로부터 직접적인 지원을 받을 수 있게 한다.

어떻게 소득을 벌어들일지 고민하기 전에 먼저 영향력을 넓혀나

가는 데 집중하길 바란다. 여러분을 지원할 수 있는 커뮤니티가 형성되기 전에 크라우드펀딩을 시작한다면 실패할 확률이 높다. 크라우드펀딩의 성공 요인은 시청자와의 신뢰와 충성심을 쌓는 것이며 다른 돈벌이 수단도 마찬가지이다.

이벤트

이벤트도 유튜브 콘텐츠를 수익화하는 방법 중 하나이다. 이벤트는 라이브로 진행될 수도 있고 직접 진행될 수도 있으며 온라인상으로도 가능하다. 무료로 진행하거나 입장료를 받을 수도 있지만, 사람들을 유료 이벤트에 초대하는 것은 시청자 수가 커졌을 때 훨씬 더 수월하다.

한 가지 실질적인 예는 라이브 공연이다. 여러분이 특정 밴드나 뮤지션을 좋아한다면 그들의 음원을 아이튠즈^{iTunes}로 사거나 스포티파이^{Spotify}(세계적인 음악 스트리밍 서비스)로 듣기도 하고 유튜브로 영상을 볼 것이고, 다음 단계로는 라이브로 공연을 볼 것이다. 해당 아티스트의 음악을 좋아하기 때문에 상당한 액수의 돈을 지급하고도 라이브 공연을 보러 갈 것이다. 이는 유튜브 인플루언서인 여러분에게도 해당하는 이야기이다. 만일에 시청자들에게 많은 가치를 제공하여 그들이 여러분의 팬이 된다면 여러분을 라이브 이벤트에서 보기 위해 기꺼이 티켓을 구매할 것이다.

우리의 친구인 다니엘 아이젠만$^{Daniel Eisenman}$은 시청자 수가 꽤 적었을 때도 인터내셔널 트라이브 디자인$^{International Tribe Design}$이라는 이벤트를 주최했다. 인터넷상에서 쌓은 신뢰와 영향력을 바탕으로 전 세계 독특한 장소에서 이벤트를 진행하고 팬들과 미팅을 가졌다. 일부 팬들은 이런 이벤트에 참석하기 위해 2,000달러 이상의 비용도 기꺼이 지급했다. 온라인 영상을 먼저 제작해 영향력을 쌓은 후 시청자에게 라이브 이벤트를 홍보했다. 이렇게 얻은 인기와 성공의 결과로 다니엘은 지금 이국적인 곳을 방문하면서 세계를 여행하고 있다. 많은 사람들이 꿈에서나 그리는 삶을 누리게 된 것이다.

앞서 말했듯 유료 이벤트가 꼭 물리적인 만남일 필요는 없다. 유료 온라인 이벤트나 회담을 주최하여 참석자들이 특정 분야에 관한 지식과 경험을 공유하게 할 수도 있다. 해당 주제에 관심이 있는 시청자라면 기꺼이 돈을 지불해 전문가들의 견해를 들을 기회를 놓치지 않을 것이다.

브랜드 스폰서십

유튜브 커뮤니티에서 '브랜드 딜'(거래)이라고도 불리는 스폰서십은 특히 유튜브의 유명한 인플루언서들에게 인기 있는 수익화 수단이 되었다. 앞서 언급한 무료 제품 거래와 비슷한 수단인데, 추가적인 장점은 기업들이 제품 홍보에 대한 대가로 실제로 돈을 지급한다는 점이다.

예를 들어 여러분이 장난감 리뷰에 관한 유튜브 채널을 운영한다면 어떤 장난감 회사가 여러분에게 연락해 함께 일하자고 제안할 수 있다. 여러분은 유튜브를 통해 해당 회사 제품에 대한 시청자의 관심을 높여주는 대신 후한 보상을 받을 수 있다.

브랜드 스폰서십은 다양한 방식으로 이루어진다. 때로는 여러분이 직접 브랜드에 연락을 취해 시작할 수도 있다. 일부 유튜버들은 관련 브랜드와 연결해주는 에이전트와 작업하기도 한다. 브랜드 스폰서십을 위한 Famebit.com과 같은 온라인 웹사이트도 있다. Famebit은 무료로 가입할 수 있으나 구독자 수가 최소 5,000명은 있어야 한다.

여러분이 IT제품 관련 채널을 운영하고 있다고 가정하고 Famebit을 활용해 인플루언서들과 협업하고 싶은 헤드폰 회사를 찾는다고 생각해보자. 우선 제안서를 보내고 상대측에서 여러분과 작업할 의향이 있다고 하면 무료로 헤드폰을 제공할 것이다. 해당 프로젝트에 대한 고정 금액에 동의하고 협상의 조건이 완료되었으면 회사 측에서 여러분에게 대가를 지급할 것이다. 이처럼 아주 간단하다. 이것은 여러분이 그저 영상에서 헤드폰만 쓰면 될 만큼 쉬운 협상일 수도 있다.

헤더 토레스Heather Torres는 홈스쿨링(재택학습) 채널을 운영하고 있다. 이 채널은 시작한 지 불과 8개월 만에 구독자 수 2,500명을 넘어섰다. 그가 올린 영상의 수는 15개밖에 되지 않았지만, 그녀는 자신이 커리큘럼을 구매한 회사에 이메일을 보내 협업을 제안했다. 유튜브 브랜드와 협상 경험이 없던 회사는 처음엔 어리둥절했지만, 헤더가 유튜브 비즈니스의 가능성과 협업의 결과물에 대해 설명하자 금세 합의하기에 이르렀다.

이 협상에서 회사는 1,100달러 이상의 가치에 달하는 커리큘럼을 헤더에게 무료로 제공했다. 그리고 추가로 약 4,000달러를 헤더에게 지급하며 커리큘럼 사용 경험에 대한 영상을 제작해 달라고 요청했다. 그뿐 아니라 헤더의 채널을 통해 커리큘럼을 구매하는 사람이 있을 시 10%의 수수료를 제공하기로 약속했다.

헤더의 사례에서 볼 수 있듯이, 유명한 유튜버가 아니더라도 브랜드와의 협상을 충분히 이끌어 낼 수 있다. 목적이 뚜렷한 콘텐츠만 있다면 관련 회사들이 충분히 관심을 보일 것이다.

헤더와 같은 유튜버를 기업들은 마이크로인플루언서라고 부른다. 포브스 잡지에 따르면, 시청자의 82%가 마이크로인플루언서의 추천에 따라 구매할 의향이 있다고 한다. 따라서 기업들은 브랜드를 홍보하기 위해 군이 구독자층이 큰 채널에 의존할 필요가 없다. 소득의 수단으로 어떤 브랜드와 협업할지 생각해 보기를 권한다.

라이선스 콘텐츠

기업들은 직접 영상을 제작하기보다 유튜버들에게 대가를 지급하고 그들이 콘텐츠에 라이선스를 부여하길 원한다. 때로는 영상이 지니고 있는 고유의 가치가 여러분의 인기에서 비롯된 것이 아닌 콘텐츠 자체에 관한 것일 수 있다. 즉, 채널과는 무관하게 영상 그 자체가 의미 있을 수 있다는 얘기다. 이러한 영상들을 사용하기 위해 기업들은 라이선스 비용을 지급하고 자신의 목적에 맞게 영상을 활용할 수 있다.

흥미롭고 이국적인 장소에 관한 영상을 제작하는 여행 브이로거들은 주로 다양한 국가의 지역 여행사와 협업하여 자신이 촬영한 스톡 푸티지^{stock footage}(촬영이 용이하지 않은 장면을 전문적으로 촬영한 자료)를 판매하거나 라이선스를 제공한다. 여행사들은 해당 푸티지를 자사 마케팅과 홍보 콘텐츠로 활용한다.

다른 인플루언서들은 istockphoto.com, videohive.net, 또는 shutterstock.com 등의 스톡 비디오 사이트에 자신이 촬영한 푸티지를 올려 소득을 번다. 스톡 비디오 장터를 통해 크리에이터들은 자신의 콘텐츠에 쉽게 라이선스를 부여하여 소득을 올릴 수 있다.

유튜브에서 영향력이 커지게 되면 여러분의 브랜드 가치, 이미지, 인지도를 통해 매스컴에도 콘텐츠를 제공하게 된다. 프랭크스터 인

러브^{Pranksters in Love} 와 같은 인기 채널은 라이선스 비용을 받고 주요 매스컴에 콘텐츠를 제공해 상당한 수익을 얻고 있다.

강연 참여

이 책에서 여러분에게 마지막으로 공유하고 싶은 유튜브 콘텐츠를 통한 수익화 방법은 강연에 참여하는 것이다. 한 주제에 관해 충분한 영향력을 형성했다면 기업 행사나 회의, 대회뿐 아니라 심지어 지역 행사에서도 연설할 수 있는 가치 있는 후보자가 된다.

예를 들어 션은 미국 곳곳은 물론 세계를 돌아다니며 강연을 하고 수천 달러를 벌고 있다. 마케팅 및 비즈니스 코치로 일하는 에이미 란디노^{Amy Landino}는 유튜브에서 쌓은 영향력으로 연간 10에서 20회 정도의 유료 기업 강연을 다니고 있다. 에이미는 유튜브 상에 견고한 핵심 시청자를 보유하고는 있지만, 유명한 유튜버는 아니다. 그럼에도 불구하고 에이미는 강연을 통해 스스로 상당한 수입을 벌어들였다. 특정 분야에 영향력을 쌓으면 그 영향력을 활용해 다양한 강연 기회를 잡을 수 있게 된다.

저명한 연사이자 코치 및 컨설턴트로 일하고 있는 제이피 시어스 ^{JP Sears}(미국 라이프 코치이자 인터넷 코미디언)의 사례는 매우 흥미롭다. 몇 년 전 우트라 스피리츄얼 JP^{Ultra Spiritual JP}라는 개인 캐릭터를 만들었을 때 그가 만든 영상들이 빠르게 인터넷에 퍼져 나갔다. 결과적으로 그는 행사에서 그 캐릭터로 연설을 해달라는 요청을 많이 받았다. 사실 너무 많은 요청을 받아서 버거웠지만, 그의 강연료는 올라갔다.

초보자의 실수

수익화에 있어서 크리에이터들이 범하는 가장 큰 실수는 영향력을 쌓는 데 집중하기 전에 소득에 초점을 맞춘다는 점이다. 영향력을 쌓는 것이 언제나 우선시되어야 한다. 영향력을 형성하는 것은 신뢰를 쌓고 가치를 부여하며, 사람들과 교류하고 관계를 만들지 않으면 불가능하다.

한 가지 예외가 있다면, 정직하지 못한 방식이나 속임수로 빠르게 돈을 버는 경우다. 하지만 이런 방식은 오래가지 못하며 절대로 가치 있는 콘텐츠를 제공하지 못한다. 우리는 비디오 인플루언서스^{Video Influencers}에서 약 1년 반 이상 유튜브에 광고를 틀지 않았다. 그 이유는 돈을 벌겠다는 근시안적 목적에 집착해 시청자 수 증가라는 장기적 목표를 늦추고 싶지 않았기 때문이다.

개인의 재정 상황에 따라 그보다 더 빨리 돈을 벌어야 할지도 모른다. 하지만 절박함으로 유튜브를 시작하는 것은 추천하지 않는다. 유튜브를 단거리 경주가 아닌 마라톤으로 대할 각오와 의지가 있어야 한다. 우리는 사람들과 신뢰를 쌓고 싶었고, 유튜브 광고가 초기에는 큰 수익을 가져다주지 못할 것이라는 점을 알고 있었다. 우리에게 첫 번째 우선순위는 영향력을 쌓아 커뮤니티를 형성하는 것이었고, 마지막으로 수익을 생각했다.

비디오 인플루언서스Video Influencers 인터뷰에서 아이튠즈 최고의 팟캐스트 중 하나인 스쿨 오브 그레이트니스The School of Greatness 를 만든 루이스 하워스Lewis Howes 는 스폰서와 다른 수익화 기회를 생각하기 전에 2년 동안 운영에만 집중했다고 말했다. 영향력을 쌓는 데 집중하고, 인내를 갖고 끈기 있게 버티면 수입은 뒤따라온다. 돈은 사명을 따라 온다는 것을 명심해야 한다.

크리에이터들이 저지르는 두 번째 실수는 시청자들에게 돌아갈 유익은 고려하지 않고 자신의 수익만을 생각하는 것이다. 만일 어떤 브랜드가 여러분의 영향력과 보유하고 있는 시청자들 때문에 그들의 제품을 홍보하고 싶어 한다고 가정해 보자. 여러분이 가장 먼저 해야 할 일은 그 제품이 시청자들에게 적합한지 확인하는 것이다. 기업이 제시한 협상 조건이 아무리 좋다 하더라도, 이것이 시청자들에게 적절하고 의미 있는 콘텐츠를 제공하지 않는다면 협상에 동의하면 안 된다. 여러분의 채널은 타격을 입고 시청자들의 신뢰를 잃게 될 가능성이 크기 때문이다.

만일 여러분이 메이크업과 헤어 관리 팁을 제공하는 뷰티 채널을 운영하고 있는데 한 전자기기 회사가 TV를 홍보하고 싶다고 연락한다면 이것은 분명히 좋은 협상이 아니다. 시청자들은 여러분의 채널을 통해 뷰티 관련 팁을 얻고자 하는데 여러분이 협상에 동의한다면 여러분의 채널은 진실성을 잃게 될 것이다.

소셜미디어 전문가이자 뉴욕타임즈 베스트셀러 작가인 게리 베이너척Gary Vaynerchuk은 "옳은 일을 하는 것은 항상 옳은 일"이라고 말한다. 수익 창출의 기회가 올 때는 항상 시청자를 우선시해야 한다.

출발점 정하기

수익화를 위해 어떤 전략이 적합한지 알기 위해서 다음과 같은 질문을 자신에게 해보는 것이 중요하다. "나는 코치인가, 아니면 교사인가?", "나는 아이디어나 의견을 공유하는 사람인가? 즐거움을 주는 사람인가?" 이처럼 시청자에 대한 자신의 역할을 분명히 하면 어떤 수익화 전략이 가장 잘 맞을지 결정하는 데 도움이 된다.

예를 들어, 여러분이 만일 교사라면, 부가적인 테크닉과 기술을 가르치기 위해 디지털 제품을 갖는 것이 브랜드 거래를 하는 것보다 적합할 수 있다. 일상 브이로그를 통해 홍밋거리를 제공하며 자신을 좋아하고 신뢰하는 시청자층을 형성했다면 브랜드 스폰서십이 더 알맞을 수 있다.

처음 수익화 수단을 선택할 때는 몇 가지를 다양하게 시도해 보고 시행착오를 거쳐 좁혀 나갈 것을 권장한다. 다양한 테스트를 통해 여러분의 브랜드, 메시지, 사명, 가치에 가장 잘 맞는 수단이 무엇인지 발견하게 될 것이다. 유튜브 광고를 켜는 것이 수익화를 시작하기 위한 가장 간단한 방법이기는 하지만 조회 수가 적다면 많은 이익을 거두기는 어렵다. 그렇다 하더라도 시작점은 될 수 있다. 제품을 스스로 만들 필요가 없기 때문에 제휴 마케팅이 더 나은 시작점이 될 수도 있다. 여러분이 해야 할 일은 그저 제품을 추천하고 돈을 받는 것이다.

어떤 사람들은 위에 언급된 모든 방법을 다 활용한다. 하나의 개별적인 수익화 수단으로는 많은 돈을 벌지 못할 수 있지만, 어떤 유튜버들은 모든 수단을 결합하여 상당한 소득을 벌어들이기도 한다. 재무 컨설턴트들이 포트폴리오를 다각화하라고 조언하듯 우리도 여러분에게 수입원을 다양화하라고 권하고 싶다. 그렇게 하면 필립 디프랑코Philip DeFranco처럼 극적인 변화나 위기에 직면하더라도 의지할 수 있는 또 다른 수입원을 확보할 수 있기 때문이다.

수익을 위해 어떤 방법을 사용하든 여러분이 기억해야 할 것은 무엇보다 영상의 가치가 우선이라는 점이다. 어떤 수익화의 기회가 오든 꾸준히 가치를 전달하는 것이 일차적인 목적이 되어야 한다. 다음 장에서는 일관성을 지켜가는 방법에 대해 자세히 살펴보도록 하겠다.

제7장 꾸준함

CONSISTENCY : 성공을 위한 지름길

"로마는 하루아침에 이루어지지 않았다."

_격언

여러분들도 위의 격언을 들어본 적이 있을 것이다. 이는 비단 로마 뿐 아니라 다른 곳에도 적용된다. 위대한 것을 만드는 데에는 언제나 시간이 걸리기 마련이다.어

한번 생각해 보라. 사람들은 기술이나 공예, 취미를 연마하기 위해 오랜 시간을 투자한다. 유튜브도 다를 바 없다. 로마가 어떻게 이루어졌는가? 그저 아무것도 하지 않고 제국이 탄생하기만을 기다렸는가? 아니다. 사람들은 매일같이 벽돌을 쌓았다. 유튜브 채널에서도

PART ONE_STRATEGY
성공적인 유튜브 채널을 만드는 일곱 가지 'C' 전략

103

마찬가지이다. 유튜브라는 거대한 제국에만 초점을 맞추면 매일같이 영상을 제작하고 게시하는 과정 자체를 간과하기 쉽다.

완성된 전체의 모습만 바라보는 것이 아니라, 벽돌을 쌓는 과정이 중요하다. 유튜브에서 탄력을 얻기 위한 핵심은 꾸준히 양질의 콘텐츠를 전략적으로 올리는 것이다. 이 장에서는 여러분만의 유튜브 제국을 구축하기 위한 성공의 벽돌을 지속해서 쌓는 방법과 이에 대한 원칙에 관해 설명할 것이다.

꾸준하게 전념하기

유튜브에서 꾸준함을 유지하는 비결은 꼬박꼬박 모습을 드러내는 것이다. 비즈니스 세계에서 성공하는 사람 역시 꾸준히 모습을 드러내는 사람이다. 유튜브에서 영상을 통해 모습을 드러내는 것이 중요한 이유는 다음과 같다.

- 첫째, 영상을 꾸준히 제작하는 것은 친구와 어울려 노는 것과 비슷하다. 자주 어울릴수록 그 친구와 가까워진다.
- 둘째, 게시물을 꾸준히 올리고 결과를 관찰하면서 유튜브 플랫폼과 변화무쌍한 알고리즘에 대해 더 많이 알게 되는데, 이 두 가지 모두 채널을 성장시키는 데 필수적이다. 일관성은 콘텐츠를 단순히 게시하는

것 이상의 의미를 지닌다. 일관성을 유지하는 것은 성공으로 향하는 과정을 배우는 것이다.

- 셋째, 꾸준히 모습을 드러내면 시청자들로부터 콘텐츠 개선에 도움이 되는 정기적인 피드백을 받을 수 있다.
- 넷째, 꾸준한 연습은 진전을 이룬다. 배워야 할 것이 너무 많아 버거울 수도 있지만, 영상을 많이 찍을수록 카메라를 다루는 데 능숙해지고 영상을 많이 편집할수록 편집 실력이 향상될 것이다.

데일 카네기^{Dale Carnegie}는 이렇게 말했다. "학습은 동적인 과정이다. 우리는 실행을 통해 배운다. 사용되는 지식만이 머릿속에 남는다."

콘텐츠 업데이트 일정표는 필수다. 그러면 시청자들은 언제 여러분의 영상이 게시되는지 알 수 있고, 기대하게 된다. 또한, 유튜브는 일관성 있는 채널들을 검색 결과와 추천 목록 상위에 띄우는 방식으로 보상을 제공한다. 유튜브는 사업 수단이고 영상에 광고를 띄워 수익을 창출한다는 것을 잊지 말아야 한다. 따라서, 꾸준히 양질의 콘텐츠를 제작하면 유튜브가 더 많은 사람에게 여러분의 영상을 홍보할 것이다. 유튜브는 일관성 있는 채널에 보상하는 것을 좋아한다.

정기적으로 영상을 제작하는 것은 힘든 일이지만, 열심히 할수록 운이 따르는 법이다. 영상을 꾸준히 게시하면 더 많은 사람이 여러분을 찾고 발견할 수 있게 된다. 어떤 영상이 성공의 문을 열어줄지는 알 수 없다. 그중 일부는 운에 달려 있지만, 영상을 자주 올려서 그 확률을 높일 수는 있다.

예를 들어, 션은 꾸준함의 힘을 믿기 때문에 지난 24개월 동안 일주일에 최소 두 개의 영상을 꾸준히 올렸다. 이 작업은 그다지 흥미롭지도 않고 때로는 고되기도 하다. 어떤 영상은 다른 영상보다 좋은 반응을 얻지만, 그렇지 못한 경우도 있다. 하지만, 매주 꾸준히 영상을 올리는 습관 덕분에 션은 예상치 못한 방식으로 성과를 거두었다. 션은 2016년 중반에 아마존에서 무료 제품을 얻는 것에 관한 영상을 올렸는데 해당 영상이 사람들의 관심을 얻으리라고 전혀 예상하지 못했다. 그러나 영상이 게시된 직후, 다른 어느 영상보다 훨씬 빠르게 조회 수가 증가하였다. 현재 해당 영상은 조회 수 240만 이상을 기록하였고, 계속해서 한 달에 2만 5,000에서 3만 번 정도 조회되고 있다. 본 영상 덕분에 션은 1만 명 이상의 신규 구독자를 끌어 모을 수 있게 됐다.

어떤 영상이 갑자기 대박을 터뜨리고 성공의 문을 열어줄지는 알수 없다. 션은 계속해서 차곡차곡 영상을 쌓아갔으며, 결국 그 노력이 결실을 본 것이다. 어떤 영상이 성공을 가져다줄지는 예측할 수 없지만 지속성을 유지한다면 성공의 문을 열 확률은 높아진다.

우리는 90만 명 이상의 구독자를 보유한 바나클리스 너디가즘

Barnacules Nerdgasm이라는 기술 관련 채널을 운영하고 있는 유튜버 제리 Jerry를 인터뷰했다. 그는 이렇게 말했다. "모든 것이 느리게 진전된다고 낙담하지 마세요. 저는 구독자가 1만 명이 되기까지 4년이 걸렸지만, 이후 70만 명을 보유하기까지는 불과 2년밖에 걸리지 않았답니다."

꾸준함을 유지하는 최고의 방법

꾸준함을 어떻게 유지할 수 있을까?

우리는 전업 유튜버이다. 채널에 수많은 콘텐츠를 게시하기 때문에 이런 작업들이 삶을 얼마나 바쁘게 하는지 잘 알고 있다. 콘텐츠 작업을 하면서 가족의 요구 사항도 들어줘야 하고, 이미 전업 직업이 있어 충분한 시간적 여유가 없을 수도 있다. 사업을 시작해서 유튜브를 비즈니스에 활용하는 방법을 강구하느라 정신이 없을 수도 있다.

여러분처럼 우리도 일상 속에서 처리해야 할 여러 가지 일이 있기 때문에, 콘텐츠를 제작하기 위해 효율적이고 전략적인 방법을 모색할 필요가 있었다. 우리의 전략에는 다음 두 가지 필수 요소가 있다.

1. 사전에 일정 짜기
2. 한 번에 일괄적으로 제작하기

사전 계획은 실패를 방지한다. 즉, 계획에 실패한다면 실패를 계획하는 것과 다름없다는 이야기이다. 미리 계획을 세우면 에너지를 절약할 수 있기 때문에 우리는 촬영 일정을 항상 미리 준비한다. 그리고 일괄적으로 제작하기 위해 조명, 카메라, 음향, 무대 등 필요한 모든 것을 준비하고 한 번에 여러 개의 영상을 찍는다. 하나의 영상이 끝나면 옷을 갈아입어 영상을 구분한다. 한 번에 여러 영상을 촬영함으로써 적은 시간 안에 방대한 콘텐츠를 제작할 수 있었다.

비디오 인플루언서스^{Video Influencers}는 주 단위로 인터뷰 프로그램을 제공한다. 때문에 1년에 52개의 영상을 촬영하고 편집해야 한다. 우리는 작업을 수월하게 하기 위해 다음과 같은 방법을 사용한다. 일정을 잡고 만나고 싶은 사람들이 모여 있는 지역으로 투어를 떠나는 것이다. 그리고 뭉텅이로 인터뷰를 촬영한다. 어떤 날에는 산업 관련 행사에 참석해 며칠 동안 10~20개의 인터뷰를 촬영하여 20주 분량의 콘텐츠를 제작하기도 했다.

전업 직업이 있고 부양할 가족이 있거나 학교에 다니고 있다면 간단하게라도 꾸준히 촬영을 해 두는 것이 더 좋다. 너무 바쁠 때는 가치 있지만 간단하고 별도의 노력을 기울이지 않아도 되는 영상을 제작한다. 그리고 그래픽과 다른 영상을 활용해 효과를 더한다.

라이브 방송도 많이 한다. 사전 준비 없이 자신의 채널과 관련된 주제에 관해 이야기할 충분한 지식과 전문성이 있다면 힘들게 편집할 필요 없이 라이브로 콘텐츠를 쉽게 만들 수도 있다. 많은 크리에이터가 제작의 수렁에 빠지고 자신이 가지고 있는 장면의 양과 아이디어의 범위에 부담을 느낀다. 15~30분 정도 라이브 방송을 하든, 팁을 공유하든, 시청자와 교류하기 위해 짧은 질의응답 영상을 촬영하든, 카메라에 대놓고 말하는 즉각적인 영상이든, 다양한 형태의 콘텐츠를 실험해 봄으로써 매주 꾸준함을 유지할 수 있다.

복잡한 것은 간소화하라. 그렇다고 콘텐츠가 허술해지지는 않는다. 자신에게 주어진 시간이 어느 정도인지, 자원의 양은 어느 정도인지, 주기적으로 일관성 있게 콘텐츠를 제공하기 위해 필요한 것이 무엇인지 등을 현실적으로 직시하는 것이 필요하다. 우리를 포함해 우리가 알고 있는 거의 모든 유튜버들은 카메라를 앞에 놓고 이야기하는 단순한 영상부터 만들기 시작했다. 현재 규모가 큰 고비용 영상을 제작하는 채널들도 시작은 미약했으니 너무 스트레스를 받을 필요 없다. 여러분이 할 일은 그저 꾸준히 콘텐츠를 제작하는 일이다.

벤지가 처음 채널을 시작했을 때 그는 아주 저렴한 캠코더를 사용했다. 지금은 성능이 좋은 전문가용 DSLR 카메라를 사용한다. 필립 디프랑코의 뉴스 채널은 현재 570만 명의 구독자를 보유하고 있으며 최고의 영상을 제작하기 위한 거대한 제작팀도 갖고 있다. 필립은 현재 미디어 제국을 세웠지만, 시작은 그렇지 않았다. 필립이 운영하는 채널에 들어가 맨 처음 올라온 영상을 찾아보고 차이를 확인해 보길 바란다. 2006년 12월에 올라온 첫 영상은 소박한 흑백 웹캠으로 찍은 것이다. 어쨌거나 그는 시작했고 일관성을 유지했고, 그 덕분에 크게 성공할 수 있었다.

얼마나 자주 올려야 하는가?

얼마나 일관적이어야 하는가? 유튜브에 얼마나 자주 영상을 올려야 하는가?

이것은 매우 일반적인 질문이다. 가장 간단한 답은, "가능한 한 자주"이다. 물론 삶이 바쁜 정도와 현재 처한 상황에 따라 다를 것이다. 만일 한 달에 하나의 영상만 올릴 수 있다고 해도 일관성을 유지한다면 아무것도 올리지 않는 것보다 낫다.

이상적으로는 영상을 일주일에 최소 한 번 정도 올릴 것을 권한다. 많은 초심자들이 처음에는 영상을 왕창 올렸다가 나중에는 유튜브를 잊어버린다. '유튜브 알고리즘을 깨는 방법'에 대한 기사를 쓴 맷 길렌Matt Gielen의 최근 연구에 따르면 사람들은 일주일에 2~3개 정도의 영상을 유튜브에 올리는 크리에이터들을 선호한다고 한다.

1년 동안 꾸준히 일주일에 한 번씩 영상을 올리는 것이 52개의 영상을 한 달 동안 왕창 올리고 이후에 띄엄띄엄 올리는 것보다 낫다. 그렇게 하면 콘텐츠 제작에 대해 훨씬 더 많이 배우게 되고, 장기간의 꾸준함으로 채널 또한 혜택을 보게 될 것이다. 뿐만 아니라, 자신의 페이스를 적절하게 맞출 수 있기 때문에 번 아웃 현상도 예방할 수 있다. 꾸준함을 유지하는 크리에이터들이 시청자와 플랫폼으로부터 보상받는다는 사실을 잊으면 안 된다.

여러분이 충분한 시간과 인프라, 열정과 열의가 있다면 영상 게시물을 일주일에 한 번으로 제한할 필요는 없다. 영상을 일주일에 한 번 이상 올리면 영향력을 더 빨리 형성해 나갈 수 있을 것이다. 결국 유튜브로 성공하기 위해 필요한 것은 꾸준함이다. 꾸준한 노력은 성공으로 이어지며 성공은 위대함을 가져온다.

촬영 날 체크리스트

• 촬영 날짜를 달력에 표시하라. 계획한 바는 반드시 끝내야 한다.

• 영상 아이디어는 미리 조사한다. '계획에 실패하면 실패를 계획하는 것'이라는 격언을 들어 봤을 것이다. 유튜브 최고의 크리에이터들은 촬영 버튼을 누르기 전에 조사부터 한다. 방법에 대해 알고 싶으면 해당 장^{ranking} ^{for tips}을 참고하기 바란다.

• 영상 개요를 작성하라. 우리는 텔레프롬프터나 대본을 읽지 않고 단순히 개요를 참고해 영상을 촬영한다. 또한 구글 독스^{Google Docs}(구글에서 제공하

는 문서작성 서비스)를 이용해 영상에 꼭 포함했으면 하는 내용을 작성한다.

- 장비를 준비하라. 촬영 전날 잊지 말고 카메라 배터리를 충전하라. 사용할 장비를 모두 펼쳐 놓고 촬영에 차질이 없도록 한다.

- 장소를 정하라. 조명이 좋고 소음이 적은 곳이 촬영하기에 가장 이상적이다.

- 의상을 준비하라. 우리는 한 번에 여러 개의 영상을 촬영하지만, 몇 주에 걸쳐 매주 하나의 영상을 게시하기 때문에 간단하게 셔츠만이라도 바꿔 입어서 분위기를 바꾸고 영상에 다양성을 더한다.

- 목적의식을 가지고 오전 루틴을 시작하라. 촬영 전날 충분한 휴식을 취하고 집중력과 자신감을 가져라.

- 동영상을 촬영하라. 모든 준비 과정이 드디어 촬영의 순간으로 이어졌다. 촬영 버튼을 누르고 그 순간을 누려라.

- 아무 B-roll(메인 영상에 중간, 중간 사용되는 보충 사진이나 영상)이나 촬영하라. B-roll은 추가 장면이나 클립 혹은 이미 촬영해둔 메인 영상을 보충할 수 있는 트랜지션(장면전환) 등을 포함한다. 편집하는 도중에 추가적 장면이 필요하다는 것을 깨닫는 것은 매우 성가실 수 있기 때문에 촬영할 당시에 "촬영을 마치기 전에 추가로 필요한 영상 클립은 없는지?"를 항상 잊지 말고 물어라.

- 섬네일^thumbnails(그래픽 파일의 이미지를 소형화한 것. 스케치)을 찍어라. 섬네일은 유튜브 영상에서 가장 중요한 부분 중 하나이며 영상 장면에서 또렷한 프레임을 찾는 것은 어려울 수 있다. 좋은 섬네일을 확보하는 것은 카

메라 타이머를 켜고 의도적으로 셀카를 찍는 것만큼이나 간단하다.

- 좋은 영상 촬영법에 대한 상세한 팁을 원한다면 씽크 미디어(THiNK Media: TubeSecretsBook.com/Checklist)에 있는 동영상을 확인해 보기 바란다.

PART TWO

TACTICS

성공하는 유튜버가 되기 위한
10가지 방법과 전술

유튜브에서 성공의 기초를 다지기 위해 여러분들은 다음과 같은 절차를 거쳐 왔다. 첫걸음을 내딛기 위한 마음의 용기를 다졌고, 여러분이 전달할 메시지를 명확히 했으며, 이를 토대로 유튜브 채널을 구축했다. 우리는 양질의 콘텐츠를 올리는 방법과 여러분의 커뮤니티를 형성하는 방법, 그리고 콘텐츠를 수익화 하는 법을 공유했다. 그리고 지속성의 중요함도 강조했다. 이제 이번 파트에서는 동영상의 조회 수를 올리는 방법, 구독자를 늘리는 방법, 더욱 큰 수익을 올릴 수 있는 보다 실질적인 기술과 전술을 공유할 것이다. 여러분은 이미 훌륭한 콘텐츠 아이디어를 내놓기 시작했을 것이다. 이제 우리는 여러분이 콘텐츠를 통해 얻을 모든 기회를 활용하는 방법에 대해 알려줄 것이다.

제8장 소셜미디어

SNS :
메시지와 브랜드를 활용하라

"콘텐츠는 불이고 소셜미디어는 휘발유이다."

_제이 베어(Jay Baer)

여러분은 어느 시대 음악을 가장 좋아하는가? 우리는 80년대에 태어났는데 당시에는 건즈 앤 로지즈 $^{Guns\ N'Roses}$, 메탈리카 ^{Metallica}, 유투 ^{U2}와 같은 록 밴드와 NWA, 런 디엠씨 $^{Run\ DMC}$와 같은 래퍼들이 음원 차트 상위권을 장식했었다. 이러한 아티스트들은 인터넷 시대가 도래하기 전에 어떻게 대중에 알려졌을까? 바로 게릴라 콘서트, 바이럴 마케팅, 그라스루트 마케팅 $^{grassroots\ marketing}$(지역 밀착형 마케팅) 등을 통해서이다. 그들은 팬 잡지 ^{fanzine}에 이름을 알리기도 했다. 동네 곳곳에 포스터를 붙이고 잠재 팬들에게 전단지를 배부했다. 힙합 아티스트들은 자동차 트렁크에 카세트테이프를 싣고 다니며 판매했다.

30년이 지난 지금, 음악 산업 내 홍보 전략이 크게 바뀌지는 않았지만, 더는 예전처럼 많은 음악 프로모터들이 거리를 활보하며 포스터를 붙이거나 전단지를 나눠주지는 않는다. 대부분은 온라인으로 이동했고, 소셜미디어를 사용한다. 오늘날 팬들은 자신이 좋아하는 소셜미디어 플랫폼에서 그들이 좋아하는 가수들을 팔로우할 수 있기 때문에 팬 잡지 목록에 아티스트 명을 군이 추가할 필요가 없어졌다. 온 동네에 포스터를 붙이는 대신 인스타그램에 사진을 올린다. 또한 장소에 구애받지 않고 컴퓨터나 스마트폰을 통해 타깃 청중에게 다가갈 수 있다.

소셜미디어를 활용해 영향력 높이기

데시 퍼킨스^{Desi Perkins}를 처음 만났을 무렵 그녀는 주디와 벤지의 브이로그 채널 구독자였다. 2013년, 그녀는 팬 미팅에서 우리와 이야기하기 위해 몇 시간 동안 줄을 서 있었다. 4년 후, 그녀는 아주 현명한 소셜미디어 전략으로 지금까지 300만 명이 넘는 구독자를 끌어모아 유튜브 뷰티 및 패션 분야에서 가장 영향력 있는 상위 10명의 인플루언서 중 한 명이 되었다.

일부 시청자들은 그녀가 인스타그램에 양질의 뷰티 관련 사진을 올리면서 시작했다는 것을 모른다. 시간이 지나자 그녀의 사진을 팔로우하는 충성심 높은 팔로어들이 생기기 시작했다. 그녀는 곧 많은 주목을 받게 되었으며 팬층을 형성하게 되었다. 이후 팬들은 그녀를 따라 유튜브로 무대를 옮겨가 시청자 기반을 형성했고, 이를 바탕으로 그녀의 채널은 성장해 갔다.

그녀는 스냅챗Snapchat(미국 메신저 서비스)이 출시된 초창기에 이를 활용하여 영상 메시지 기능으로 팬들과 직접 교류했다. 그리고 유튜브 영상을 스냅챗 팔로어들에게 홍보했다. 스냅챗에는 댓글 기능이 없기 때문에 유튜브 댓글을 통해 팔로어들의 참여를 유도했다.

데시는 인스타그램과 스냅챗을 골라 이 두 플랫폼을 완전히 익혔다. 인스타그램의 기능을 충분히 활용해 영상을 올리고 시청자와 소통도 했다. 이후 그녀는 유튜브 채널로 플랫폼을 옮겼다. 데시는 영상을 제작하고 업로드하는 데 할애하는 시간만큼, 소셜미디어를 활용해 콘텐츠를 홍보하는 데에도 그만큼의 시간을 투자했다. 이러한 전략을 통해 그녀가 올린 수많은 유튜브 영상에는 수천 개 혹은 수만 개의 댓글이 달릴 만큼 시청자 참여에 있어 큰 변화가 생겼다. 유튜브 알고리즘은 참여도가 높은 영상을 인식하면 점점 더 많이 노출시키는 경향이 있다. 따라서 이런 알고리즘을 통해 조회 수는 급증하고 더 많은 사람이 해당 콘텐츠를 찾을 수 있게 된다.

이처럼 데시는 소셜미디어를 창의적으로 활용해 다른 채널들보다 훨씬 더 빠른 속도로 많은 시청자를 모을 수 있었다. 이처럼 소셜미디어를 활용하는 것이 때로는 다른 전략을 사용하는 것보다 유튜브의 성공을 좌우할 수 있는데, 그 이유는 외부 플랫폼에서 형성된 영향력을 유튜브 내 알고리즘이 간파하기 때문이다. 소셜미디어에 모인 사람들을 유튜브로 보낼 만큼의 영향력을 형성하면 유튜브 알고리즘은 여러분의 영상 홍보에 더 큰 도움을 줄 것이다.

사용자 행동 이해하기

여러분은 하루에 몇 번이나 핸드폰을 꺼내 자신이 가장 좋아하는 SNS의 알림을 확인하는가? 타임지 기사에 따르면 미국인들은 하루에 80억 회 이상 스마트폰을 확인하며, 줄잡아 그중 50% 정도는 소셜미디어 플랫폼에 머무르는 데 사용된다고 한다.

소셜미디어가 전 세계 사람들의 이목을 끈 것은 분명해 보인다. 그렇기에 영상을 활용하는 인플루언서로서 우리는 의미 있는 콘텐츠를 전략적으로 제작해 사람들에게 다가갈 필요가 있다. 소셜미디어를 주기적으로 활용하고 있지 않다면 여러분뿐만 아니라 여러분의 유튜브 채널 또한 좋은 기회를 놓치는 것이다.

콘텐츠를 위한 최고의 플랫폼 선정하기

타깃 시청자를 알고 있다면 어떤 소셜미디어를 몇 개나 사용할 것인지 분명히 알게 될 것이다. 타깃층이 머무는 곳을 알고 있다면 흥미롭고 의미 있으며 주의를 끌 수 있는 콘텐츠를 알맞은 플랫폼에 제작하는 방법에 대해 생각해야 한다. 몇 가지 구체적인 예시를 살펴보자.

만일 타깃 시청자의 대부분이 기업 전문가라면 링크드인^{LinkedIn}(구인, 구직 등 동종 업계 사람의 정보 등을 파악할 수 있는 서비스)에 콘텐츠를 제작하는 데 집중하고 Medium.com (온라인 출판 플랫폼)과 같은 웹사이트에 산업 관련 콘텐츠를 작성해야 할 것이다. 젊은 층을 타깃으로 삼는다면 스냅챗이나 Musical.ly(동영상 제작, 메신저, 실시간 방송을 위한 중국의 비디오 소셜 네트워크 앱)를 사용하는 것이 더 적합할 수도 있다. 시청자의 대부분이 요리, DIY, 패션 혹은 스타일에 관심 있는 여성이라면 핀터레스트^{Pinterest}(이용자가 스크랩하고자 하는 이미지를 포스팅하고 다른 이용자와 공유하는 소셜 네트워크 서비스)에 집중하는 것이 좋겠다.

페이스북, 인스타그램, 트위터와 같은 플랫폼은 다양한 시청자층에 적절히 활용될 수 있다. 대부분의 시청자가 이러한 플랫폼을 사용하기 때문에 거의 모든 채널에 기회를 제공한다. 따라서 여러분의 채널이 어떤 분야에 관한 것이든 이러한 플랫폼을 등한시하지 않길 바란다.

이제 막 시작한 단계라면 사람들과 교류하기 위해 이미 사용하고 있는 플랫폼이 무엇인지 생각해 봐야 한다. 여러분이 관심 분야에 대한 채널을 만들고 있다면, 여러분은 이미 특정 소셜미디어 플랫폼에서 몇몇 인플루언서들을 팔로우하고 있을 가능성이 높다. 그들이 해당 플랫폼에서 시청자를 끌어 모을 수 있다면 여러분도 할 수 있다. 기존에 사용하는 플랫폼을 시작점으로 삼아 시청자층을 형성해 가면 된다. 타깃 시청자는 보통 여러분과 비슷한 사람들, 즉 공통의 관심사를 가진 사람들이다. 그렇기 때문에 특히 시청자층을 어떻게 형성해야 할지 모를 경우, 이미 가지고 있는 소셜미디어 플랫폼에서 시작하는 것이 좋다.

여러분이 가장 좋아하는 SNS 플랫폼을 골라 그곳에서 여러분의 채널과 관련된 양질의 영상 콘텐츠를 올려 사람들과 교류하라. 대부분의 소셜미디어가 영상 콘텐츠로 전환됐기 때문에 이를 활용하는 것은 그 어느 때보다 쉬울 것이다. 인스타그램도 처음에는 사진 콘텐츠만으로 시작했으나 지금은 영상도 올릴 수 있고 라이브 스트리밍도 가능하며 스토리 기능을 통해 추가적인 영상 콘텐츠를 공유할 수도 있다.

마크 저커버그^{Mark Zuckerberg}는 2019년까지 페이스북의 거의 모든 콘텐츠가 영상으로 대체될 것이라고 발표했다. 다른 연구 결과들도 2019년까지는 인터넷상에 있는 콘텐츠의 80%가 영상으로 대체될 것이라고 한다. 이러한 발전은 유튜브 채널에 굉장히 좋은 기회다. 여러분은 이런 전환기를 큰 이점으로 가져갈 수 있다.

여러분은 유튜브에 영상 콘텐츠를 제작해 올리기 때문에 동시에 다른 소셜미디어 플랫폼을 위한 영상 콘텐츠도 수월하게 만들 수 있다는 이점을 가지고 있다. 따라서 자신만의 스토리를 만드는 법을 배우고 각 플랫폼에 적합한 콘텐츠를 만들도록 해야 한다. 많은 크리에이터가 범하는 실수 중 하나는 유튜브용^用 영상을 제작하고, 이 영상을 다른 소셜미디어 플랫폼에도 동일하게 올리는 것이다. 아무것도 하지 않는 것보다는 낫겠지만 페이스북이나 인스타그램, 링크드인 등 각 플랫폼의 특성을 활용해 만든 콘텐츠나, 레딧^{Reddit}(소셜 뉴스 웹사이트)을 통해 커뮤니티와 더 깊이 있게 교류하는 것만큼의 효과를 거두지는 못할 것이다.

각 소셜미디어 플랫폼은 저마다의 특성이 있다는 점을 잊어서는 안 된다. 같은 방식으로 접근해서는 안 된다는 얘기다. 이는 식당에 따라 차려 입어야 하는 드레스 코드가 다른 것과 마찬가지다. 4성급 레스토랑에 갈 때 입는 옷과 패스트푸드점에 갈 때 입는 옷이 같을 수 없다. 각 식당은 다른 식사 경험을 제공하기 때문에 이를 사전에 파악하는 것이 중요하다.

서부 해안 지역에 살면 인앤아웃버거^{In-N-Out Burger}라는 우리가 가장 좋아하는 패스트푸드점에 갈 수 있다. 가본 적이 없다면 꼭 한 번 가볼 것을 추천한다. 천연 재료를 이용한 훌륭한 버거와 감자튀김 같은 간단한 메뉴들을 제공한다. 그러나 가기 전에 반드시 기억해야 할 점은 인앤아웃In-N-Out의 드레스 코드는 편한 캐주얼 차림이라는 것이다. 플립플롭 슬리퍼, 반바지, 민소매 셔츠면 충분하다.

반면 포시즌즈Four Seasons 호텔 레스토랑에 같은 복장으로 들어간다면 지배인은 더 격식 있는 복장을 차려입을 것을 권할 것이다. 인앤아웃버거 패스트푸드점과 포시즌즈의 분위기는 완전히 다르다. 소셜미디어도 이와 비슷하다. 사용하고자 하는 플랫폼의 드레스코드를 파악해야 한다. 스냅챗은 일상을 담은 편집되지 않은 영상에 가장 적합하다. 흔들리거나 세련되지 않아도 된다. 스냅챗은 인앤아웃버거 패스트푸드점과 같다. 반면 유튜브는 더 나은 콘텐츠를 올릴 수 있게끔 되어 있으며 해상도 1080픽셀 정도의 와이드스크린 영상 혹은 그 이상의 품질에 음질도 좋은 영상이 적합하다. 이러한 영상을 스냅챗에서는 찾아볼 수 없다.

고정 이미지도 마찬가지이다. 인스타그램에서는 정사각형 이미지가 가장 적합하며 페이스북과 트위터는 직사각형을 이미지를 선호한다. 이상적인 이미지 해상도, 영상 길이가 무엇인지 파악해 보고 문구나 음성, 영상, 사진, 혹은 이들의 조합 중 무엇이 가장 적합한지 탐색해보라. 어떤 게시물이 가장 많은 관심과 참여를 이끌어 내는지 주저

없이 실험해보라.

소셜미디어의 미래

각양각색의 소셜미디어 플랫폼들은 어디로 향하고 있는 걸까? 앞서 말했듯이 대부분의 플랫폼이 영상 콘텐츠로 향하고 있는 것은 분명하다. 하지만, 왜 이러한 방향으로 전환되고 있는 걸까? 이유는 분명하다.

영상을 활용한 광고가 그 어떤 광고보다 더 강력한 인상을 심을 수 있기 때문이다. 여러분도 유튜브가 고정 광고에서 스트림 광고로 전환하는 것을 보고 이미 알아차렸을 것이다. 영상 광고는 시청자들로부터 더 많은 주목을 받으며 훨씬 더 강력한 인상을 남긴다. 그렇기 때문에 다른 플랫폼들도 영상 광고를 활용하려고 한다. 영상은 소셜미디어에서 수익화 기회를 만들기 때문에 또 다른 잠재 수입원이 될 수 있다.

우리가 추천하는 바는 다음과 같다.

첫째, 데시처럼 두 개의 소셜미디어 플랫폼을 선정하라. 여러 소셜미디어를 동시에 작업하면서 꾸준함을 유지하기란 매우 어려울 수 있다. 때문에 우선 사용법을 배우고 익숙해져야 한다. 자신과 관심 분야, 타깃 시청자층에 맞는 가장 상호 보완적인 플랫폼을 선택하라.

둘째, 여러분이 선정한 소셜미디어 플랫폼을 집중적으로 연구해 보고 실험해 볼 시간을 가지기 바란다. 각 플랫폼마다 30분씩 투자하는 것이 적당하다. 구글 검색창에 '인스타그램 활용 모범 사례' 혹은 '인스타그램 사업에 활용하는 법' 등을 검색해 보라. 수많은 팁과 콘텐츠를 발견하게 될 것이다.

우리가 구체적인 비법을 알려주지 않고 구글 검색을 추천하는 이유는 소셜미디어 이용 방법이 끊임없이 바뀌기 때문이다. 가장 최신 이용법을 익히는 것이 중요하다.

각 플랫폼을 공부하는 데 30분을 투자하는 것이 적게 느껴질 수 있겠지만, 그렇게 함으로써 여러분은 해당 플랫폼에 대한 상위 10% 안에 드는 전문가가 될 수 있을 것이다. 소셜미디어가 어떻게 돌아가는지 시간을 투자해 배우는 사람은 매우 적으며 끊임없이 변화하는 최신 이용법에 대해 아는 사람들은 그보다 더 적다. 따라서 소셜미디어에 대해 알아가는 데 시간을 투자하면 여러분은 보다 앞서가게 될 것이다.

셋째, 선정한 플랫폼을 익히고 연습했으면 콘텐츠를 가장 잘 활용할 수 있는 간단한 콘텐츠 전략을 세워라. 칵테일 냅킨 위에 쓸 수 있을 정도로 간단해야 한다. 예를 들어 션의 소셜미디어 전략은 다음과 같다.

매일 인스타그램에 최소 한 개의 게시물을 올린다.
게시물을 점차 하루 두세 개로 늘려 간다.
게시물의 80%는 사업 관련 20%는 개인적인 내용으로 채운다.

이게 전부이다. 원한다면 더 복잡하고 구체적인 전략을 만들 수도 있겠지만, 간단하게 시작하는 것을 꺼리지 말고 실행에 옮긴 후에 점차 맞추어 나가라.

모든 게시물에 해시태그^{hashtag}(단어 앞에 # 기호를 붙여 그 단어에 대한 글이라는 것을 표현하는 기능)를 활용하라. 해시태그를 활용하면 게시글을 진행 중인 대화에 참여시킬 수 있으며, 이를 통해 사람들이 여러분의 콘텐츠를 발견할 수 있게끔 한다. 그뿐만 아니라 잠재 시청자를 찾을 수 있게 도와준다. 해시태그 하나를 누르면 여러분이 참여할 수 있는 게시물과 페이지의 목록을 볼 수 있을 것이다. 해당 게시물과 댓글에 답글을 달아 대화를 시작하라.

이는 트위터에서도 유용하며 인스타그램에서도 효과적이다. 사실 해시태그를 찾을 수 있는 곳이라면 어디서든 활용할 수 있다. 유튜브도 이제 해시태그 기능을 제공한다. 해시태그는 특정 그룹이나 시청자, 관심 분야를 찾을 수 있는 가장 쉬운 방법 중 하나이며 사람들이 여러분을 찾을 수 있게 하는 가장 쉬운 방법이기도 하다.

다른 인플루언서들의 댓글에 방문하여 그들의 시청자와 교류하라. 자신이 원하는 집단을 찾는 가장 좋은 방법 중 하나는 자신과 비슷한 인플루언서들의 집단을 살펴보는 것이다. 교류에 가치를 더하고 싶다면 댓글에 반응하고 시청자와 소통하고 질문에 답하라.

비즈니스 및 소셜미디어 전략의 저명한 권위자 게리 베이너척[Gary Vaynerchuk]은 2000년대에 처음 그의 와인 라이브러리 TV[Wine Library TV] 유튜브 채널을 시작했다. 그의 초기 전략 중 하나는 다른 사람들의 블로그나 온라인 포럼에 들어가 와인에 관한 코멘트에 답글을 다는 것이었다. 게리는 그의 의견을 공유하고 조언과 정보를 제공했으며 대화에 참여했다. 자신의 사업이나 영상을 공공연하게 홍보하지 않고 그저 진행 중인 대화에 가치를 더했다. 게리의 목표는 사람들이 자신의 프로필을 눌러 영상 콘텐츠를 발견할 확률을 높이는 것이었다. 그리고 이를 염두에 두고 사람들과 소통하고 그들에게 가치를 주려고 노력했다.

여러분이 다른 사람들에게 어떤 가치를 줄 수 있는지 스스로에게 물어보라. 의미 있는 방식으로 대화에 기여하는가? 여러분이 창출하는 가치를 활용해 관계를 형성하고, 이목을 끌고, 채널을 주도하는가?

꿀팁:

소셜미디어의 라이브 방송 기능을 활용하라. 현재 인스타그램, 페이스북, 유튜브 모두 라이브 방송 기능을 활발히 홍보하고 있다. 때문에 이를 적극적으로 활용하는 것이 좋다. 페이스북의 알고리즘은 라이브 방송을 선호한다. 인스타그램에서는 사용자의 아바타 주변에 빨간색 배너가 나타나 누군가가 라이브 방송을 하고 있다는 것을 알린다. 여러분이 라이브 방송을 하면 자연스레 더 많은 시청자와 교류할 기회가 높아지고 유튜브 알고리즘이 참여도가 높은 것을 인식하게 되면 해당 영상을 검색 결과의 상위에 노출시킬 것이다.

현명한 인플루언서들은 소셜미디어를 활용해 여러 개의 소셜미디어 플랫폼에서 영향력을 키우고 다변화한다. 소셜미디어 전략에 대한 구체적인 내용을 원한다면 TubeSecretsBook.com/Social에 있는 영상을 확인해 보기 바란다.

다음 장에서는 타깃 시청자를 자신의 채널로 유도하는 방법을 설명할 것이다. 준비되었는가? 그렇다면 다음 여정을 이어가 보자.

DISCOVERABILITY :
코파일럿으로 원하는 시청자 끌어들이기

"시체를 숨기기 가장 좋은 곳은 구글의 두 번째 페이지이다."
_격언

기업과 브랜드는 자사 웹사이트와 콘텐츠가 검색 결과의 첫 페이지에 뜨는 것이 얼마나 중요한지 잘 알고 있다. 타깃 고객층의 질문에 답변을 제시하는 것은 기업의 성패를 좌우한다. 첫 페이지에 등장하는 것은 보통의 성공과 엄청난 성공 사이의 차이를 의미한다.

구글은 거의 모든 것에 있어서 최고의 검색엔진이다. 그런데 두 번째로 가장 많이 사용되는 검색엔진을 아는 사람은 많지 않다. 여러분은 아는가? 빙^{Bing}일까? 야후^{Yahoo}일까? 아니다. 정답은 유튜브이다. 사람들은 유튜브가 사실 검색엔진이라는 사실을 잊고 있다. 이러한 유튜브의 검색 기능은 사람들이 여러분을 발견할 기회를 제공한다.

발견성이란 무엇인가?

누군가가 유튜브 검색창에 여러분의 채널과 관련된 무언가를 검색한다면 여러분의 영상이 검색 결과 상위에 노출되길 바랄 것이다. 만일 자신의 영상 중 하나가 추천 영상 목록의 상위에 뜬다면 새로운 콘텐츠를 게시하지 않아도 조회 수와 구독자 수를 늘릴 수 있다.

예를 들면, 벤지는 자신의 요리 채널에 건강 스무디를 만드는 방법에 대한 영상을 게시했다. 유튜브 검색창에 '가장 간편한 건강 주스 레시피'라고 치면 벤지의 영상이 검색 결과 목록 상위에 뜰 것이다. 직접 검색해 확인해 보라. 물론 신기하다고 느낄 것이다. 조금 더 깊이 들어가 보자. 영상을 처음 올렸을 당시, 그의 영상은 시간당 조회 수가 2.9회였다. 계산을 해보면 하루에 69.6회이고, 1년에 25,404회가 된다.

한 가지 주목할 점은 이 영상이 3년 전에 만들어졌다는 사실이다. 벤지는 해당 영상을 제작하기 위해 딱 한 번 시간을 투자했을 뿐이지만, 영상은 계속해서 그의 채널에 영향을 미치고 매일 최대 70명의 사람들에게 발견된다. 이것이 바로 검색 결과 목록 상위에 노출되는 것의 위력이다. 따라서 영향력을 쌓고 싶다면 전략적으로 영상이 검색에 최적화될 수 있게 해야 한다.

여러분의 브랜드 사업이나 유튜브 채널이 하루에 70명의 새로운 사람에게 무료로 조회된다고 해서 득이 될까? 유료 광고에 관해 이야기하는 것이 아니다. 자동차에 연료를 넣고 동네 곳곳을 운전하여 집마다 방문하고 제품이나 서비스의 인지도를 높이라는 얘기도 아니다. PR 회사를 고용해 홍보에 도움을 받으라는 이야기 또한 아니다. 우리가 말하고 싶은 것은, 유튜브라는 무료 플랫폼을 활용해 자신의 콘텐츠를 검색 결과에 올릴 수 있는, '발견성discoverability'이라는 이 엄청난 요소를 적극적으로 활용하라는 것이다.

이는 생각날 때마다 가끔씩 한다고 되는 것이 아니다. 검색 결과 순위를 올리는 것은 지속적인 성장 전략의 일부여야 한다. 유튜브에 '유튜브를 위한 저렴한 카메라'라고 치면 1년 조금 넘는 기간 동안 조회 수 179만 이상을 기록한 션의 영상을 찾아볼 수 있을 것이다. 또한, '생산성 팁'이라고 검색하면 석세스 매거진Success Magazine(미국 경제 잡지)에 기재됐던 션의 오래전 영상도 발견할 수 있을 것이다. 이는 그의 영상이 검색 결과 상위권에 들었기 때문이다. 그렇다면 여러분의 영상을 검색 결과 순위권에 올리는 방법은 무엇일까?

발견성 높이기

영상을 개선해 검색 결과 목록 상위에 표시될 수 있게 하는 몇 가지 방법을 살펴보도록 하자. 우리는 이 방법을 SEO$^{search\ engine}$ ^{optimization}(검색엔진 최적화)라고 부른다. 이는 기존의 구독자뿐 아니라 유튜브 검색엔진이 자신의 영상에 흥미를 끌 수 있게 영상을 최적화하는 과정을 말한다. SEO를 활용하면 자신의 영상과 시청자가 검색한 키워드의 연관성을 높여 보다 쉽게 결과에 노출될 수 있게 한다.

유튜브 영상 SEO의 가장 중요한 세 가지 요소는 영상에 추가하는 제목과 설명, 태그이다. 이 세 가지만 제대로 작성해도 여러분의 영상은 순위권으로 올라가게 된다.

발견은 사람들이 무엇을 검색하는가에서부터 시작된다. 그것을 알면 여러분이 제작하는 영상과 해당 영상의 SEO에 영향을 미칠 것이다. 영상의 발견성을 높이려면 타깃 시청자가 유튜브에서 검색하고자 하는 상위 10~20위 질문이 무엇인지 생각해 봐야 한다.

가장 실질적인 방법은 유튜브 검색창을 직접 사용하는 것이다. 유튜브를 오랫동안 사용했다면 검색창에 무언가를 입력하기 시작할 때 하난에 예상 주제 목록이 자동으로 표시된다는 것을 알 것이다.

하지만 그러한 예상 주제가 전 세계 사람들이 검색하고 있는 내용에서 비롯된다는 것은 몰랐을 것이다. 즉, 여러분이 입력하고 있는 주제와 연관되어 가장 많이 검색된 주제를 대표하는 것이다. 예를 들어 '베이컨 요리법'이라고 검색창에 칠 때 나타나는 다양한 레시피들은 사람들이 검색하기 좋아하는 키워드를 나타내는 것이다.

이러한 기능을 활용하려면 여러분의 타깃 시청자가 검색하는 것이 무엇인지 검색창에 나타나는 예상 키워드들을 참고해 파악해 두고, 이와 관련된 주제나 질문을 다루는 콘텐츠를 적합한 방식으로 제작해야 한다.

하나의 영상에 너무 많은 주제를 다루려고 하지 마라. 아침 식사 레시피 10개를 포함한 영상 하나를 만드는 대신 하나의 특정 레시피에 초점을 맞춘 영상 10개를 만들어라. 모든 종류의 아침 요리 주제를 다루는 하나의 영상 대신 하나는 베이컨, 또 하나는 신선한 오렌지 주스, 또 다른 영상은 완벽한 달걀 요리법을 다루는 식으로 콘텐츠를 제작하라. 콘텐츠 크리에이터들은 종종 너무 광범위하게 주제를 잡으려고 한다. 시청자가 문의하는 구체적인 질문을 다루는 주제에 초점을 맞춘 영상일수록 결과가 좋을 것이다.

베이컨의 예시를 계속 들어보자면, 유튜브가 예측했던 문구를 그대로 참고하여 제목을 만들고 같은 문구를 다양하게 변형한 내용을 설명 부분에 포함시켜라. 태그도 마찬가지이다. 예를 들어 벤지는 영상 제목을 '가장 쉬운 베이컨 요리법'이라고 지었다. 설명란에는 같은 문구를 변형하여 작성하였고, 태그는 '베이컨 요리법', '오븐에 베이컨', '베이컨 튜토리얼' 등을 포함하였다.

운동이란 주제를 다룬다면 '남성을 위한, 집에서 탄탄한 몸 만들기'라는 주제의 운동 영상을 제작할 수 있다. 더 나아가, 해당 영상을 여러 개의 작은 영상으로 나누어 각각 '남성을 위한 이두 운동법', '일반인을 위한 남자 다리 운동법', '남성 어깨 운동 루틴'과 같이 구체적인 주제에 초점을 맞춰볼 수도 있다. 하나의 긴 영상을 세 개의 작고 구체적인 영상으로 나눔으로써 사람들이 여러분의 콘텐츠를 발견할 수 있는 세 가지 다른 방법을 만드는 것이다.

유튜브 검색창에 '동기부여 방법'을 치고 스페이스 바를 누르면 유튜브가 자동으로 '다이어트 동기부여 방법', '지속적으로 운동하는 법', '유튜브에 머무를 수 있는 동기 부여법', '공부 동기 부여법', '힘든 상황에서 동기 부여하는 방법' 등의 구체적인 예상 목록을 제시할 것이다. 각각 굉장히 다른 영상 아이디어를 제시하고 있다는 것을 알 수 있다. 하나는 운동에 관한 것이고, 다른 하나는 비디오 인플루언서스 Video Influencers 분야와 관련 있는 유튜브에 머무를 수 있는 동기 부여법이다. 이런 방법을 사용해 여러분의 콘텐츠가 유튜브 검색 결과에 발견될 수 있게 하는 전략적인 영상 아이디어를 찾아라.

어떤 분야든 상관없이 이와 같은 방법을 적용할 수 있다. 왜냐하면, 사람들은 실제로 거의 모든 주제에 관해 질문하기 때문이다. 여러분의 목표는 검색 가능한 영상 아이디어가 무엇인지 발견하고 그와 관련 있는 전략적인 양질의 콘텐츠를 제작하는 것이다.

유튜브에서 활용할 수 있는 또 다른 발견성 관련 요소는 추천 혹은 관련 영상이다. 시간을 투자해 SEO 상세 내용을 정확하고 구체적이며, 진실하고 적합하게 작성한다면 유튜브가 여러분의 콘텐츠를 추천 영상 목록에 포함시켜 줄 것이다. 데스크톱 컴퓨터에서 추천 영상은 사이드바에 표시되고 모바일기기에서는 하단이나 현재 시청 중인 영상 끝에 표시된다.

비디오 인플루언서스^{Video Influencers} 채널의 경우, 매달 증가하는 50만의 조회 수 중 40%는 유튜브가 추천한 영상 덕분이다. 또한, 검색이 35%를 끌어 모으는데, 이는 월간 트래픽의 75%가 추천 영상과 검색 결과로부터 온다는 것을 의미한다. 추천 영상 목록에 자신의 영상이 포함되는 기회를 놓치기 싫다면 SEO 절차를 생략해서는 안 된다.

유튜브는 개별 시청자가 관심을 가질 만한 영상 추천 목록을 제공하기도 한다. 이러한 목록은 각 시청자의 시청 기록과 검색한 내용에 근거하여 만들어진다. 여기에 포함된 영상은 시청자가 이미 구독 중인 채널에 꼭 포함되는 것은 아니기 때문에 여러분의 콘텐츠가 발견

될 수 있는 또 다른 좋은 기회가 된다. 다시 말하지만, 영상 설명과 태그에 사람들이 검색하는 구체적인 키워드나 문구를 언급해 이러한 기회를 포착하기 바란다. 올바른 검색 문구를 사용하고 SEO를 작성하면 여러분의 콘텐츠는 주기적으로 새로운 시청자에게 추천될 것이다.

제작하기 전에 콘텐츠를 최적화하라

영상 전반에 걸쳐 전략적으로 발견성을 높이려면 우선 널리 퍼져 있는 관심사가 무엇인지 확인해 봐야 한다. 이를 위해 유튜브 검색창을 활용할 수 있다. 단어를 치고 예상 결과를 살펴보라. 또 다른 좋은 도구는 구글 키워드 플래너^{Google Keyword Planner}이다. 이는 구글 애드워즈^{AdWords} 계정을 만들고 신용카드 정보를 기재해야 하지만 무료로 사용할 수 있다. 키워드 플래너는 매달 몇 명의 사람들이 어떤 다양한 주제를 검색하는지 보여주고, 각각의 특정 분야에 대해 자주 검색되는 키워드나 문구를 알려준다. 상상할 수 있다시피, 이러한 정보는 여러분의 영상 아이디어가 얼마나 인기 있는지에 대한 실질적인 데이터를 제공하기 때문에 굉장히 유용하다. 이를 활용해 생각지도 못한 영상 아이디어를 얻거나, 기존 아이디어를 수정해 사람들이 보고 싶어 하는 주제에 가깝게 바꿀 수 있다.

사람들이 자주 범하는 실수 중 하나가 영상부터 찍고 이후에 최적화하려고 하는 것이다. 하지만 작업 순서를 바꾸는 것이 좋다. 촬영 버튼을 누르기 전에 영상을 최적화 하는 방법을 미리 계획하라. 그렇게 하면 사람들이 검색한 키워드와 최대한 관련성이 높은 콘텐츠를 제작할 수 있을 것이다.

예를 들어 여러분의 채널이 라이프스타일과 뷰티 분야에 관한 것이라고 가정해 보자. 여러분이 고급 과정의 메이크업 튜토리얼을 만들었는데, 검색창에 키워드로 잘 나온다는 이유로 제목을 '가장 쉬운 메이크업 방법'이라고 지었다고 해보자. 하지만 이럴 경우, 이 콘텐츠는 시청자가 찾고자 하는 바와 일치하지 않기 때문에 전략이 맞지 않는다. 이런 예시를 통해서 분명히 알 수 있지만, 미묘한 뉘앙스의 차이가 전략의 성패를 좌우한다. 구글과 유튜브는 사용자에게 그들이 찾고자 하는 바와 가장 근접한 콘텐츠를 제공하고자 하기 때문에 여러분의 콘텐츠가 이러한 요구에 대한 답변과 근접할수록 결과 목록 순위권에 포함될 확률이 높다.

영상 SEO 과정에 집중하는 것은 첫 구독자가 생기기 전, 첫날부터 시작되어야 한다. 채널을 기획하기 시작한 순간부터 SEO가 우선시되어야 한다. SEO를 기반으로 채널을 구축하면 장기적으로 트래픽을 높일 수 있을 것이다. SEO에 초점이 맞춰진, 잘 기획된 영상은 여러분이 영상의 존재를 잊은 후에도 계속해서 추천될 것이다.

연습이 진전을 만든다. 영상 SEO를 콘텐츠에 포함하기 시작하면 계속해서 발전하게 될 것이다. 그러나 콘텐츠 자체가 좋지 않다면 세상에서 가장 좋은 영상 SEO라고 해도 소용이 없다. 가치 있고 흥미로운 콘텐츠가 전략적으로 배치되고 최적화되었다면 그보다 더 나은 것은 없다.

검색 결과 목록 상위권에 오르는 것은 아무리 강조해도 부족하다. 션은 이 전략만을 이용해 자신의 유튜브 채널 구독자 수를 50만 명까지 늘렸으며, 전업 직업으로 삼을 만큼의 이익을 올렸다. 션은 검색 엔진이라는 유튜브의 위력을 활용할 수 있도록 전략적으로 포지셔닝한 양질의 콘텐츠를 꾸준히 제작하는 데 집중했다.

여러분도 똑같이 할 수 있다. 여러분의 콘텐츠가 순위권에 오르기 시작하고, 조회 수가 늘어나고, 발견 가능성이 높아지면 다른 성공적인 유튜버들과의 콜라보레이션 기회도 생길 수 있다. 이에 관해서는 다음 장에서 살펴보도록 하겠다.

COLLABORATION :
시청자 기하급수적으로 늘리기

"경쟁은 우리를 더 빠르게 만들고 협업(collaboration)은 우리를 더 낫게 만든다."
_마푸즈 알리 슈브라(Mahfuz Ali Shuvra)

90년대 초반, 서부 해안 지역에서는 힙합이 인기와 권위를 얻기 시작했다. 1992년, 최고의 싱글 음원 'Nuthin' but a G Thang'이 빌보드 핫 100 차트 2위에 올랐으며, 핫 R&B 및 힙합 차트 1위에 올랐다. 이는 미국 래퍼 닥터 드레^{Dr. Dre}와 스눕 독^{Snoop Dogg}의 듀엣으로 닥터 드레의 솔로 데뷔 앨범 〈더 크라닉〉^{The Chronic}에 수록된 곡이다. 이 곡을 통해 스눕 독의 인지도는 놀랍게 증가했고 더 많은 청중에게 노출됐다. 스눕 독이 닥터 드레의 〈더 크라닉〉에 게스트로 참여해 깊은 인상을 남긴 만큼, 일부 사람들은 그가 세계적인 인기를 거두고 수백만 개의 음반 판매에 영화와 TV에 이르기까지 성공적인 커리어를 쌓게 될 것이라 예상했다.

흥미롭게도 스눕 독은 'Nuthin' but a G Thang'의 작곡 크레딧에 단독으로 이름을 올렸다. 스눕 독은 자신의 음악적 재능을 발휘해 히트 곡을 만들었고, 닥터 드레는 플랫폼 지원과 청중 동원을 통해 이들의 음악을 더 알릴 수 있게 도왔다. 이러한 콜라보레이션은 두 아티스트 모두에게 윈윈의 결과를 가져다주었다.

콜라보레이션은 미술, 음악, 영화, 비즈니스, 그리고 유튜브에도 매우 효과적일 수 있다. 현명한 인플루언서들은 편히 앉아 결과만을 바라고 있지 않다. 그들은 영향력 있는 관계를 구축하고 협업을 추진하기 위해 주도적으로 행동한다. 사람들이 신뢰하고 좋아하는 사람이 여러분을 언급하는 것만큼 사람들의 이목을 끌 만한 방법도 없다. 이러한 이유로 협업이야말로 전파력이 높은 영상 다음으로 시청자 수를 빠르게 늘릴 수 있는 좋은 방법이라고 생각한다.

다른 크리에이터들과의 콜라보레이션

콜라보레이션에는 세 가시 주요 장점이 있다.

- 새로운 시청자에게 노출될 수 있다. 함께 콜라보하는 인플루언서는 이미 특정 시청자층을 구축했을 가능성이 높기 때문이다..
- 작업을 분배할 수 있다. 영상 제작 직업은 반으로 줄어들고 성공은 배가될 수 있다.
- 배울 수 있다. 뮤지션이자 사업가인 패럴 윌리엄스[Pharrel Williams]는 '여러분이 배울 수 있는 사람들과 협업하라'고 말했다.

또한 협업을 통해 네트워크를 확장하고 우정과 비즈니스 관계를 형성할 수도 있다.

콜라보 대상의 자질

협업하기 좋은 대상의 자질은 무엇일까? 여러분의 분야와 어느 정도 유사성을 지니고 있어야 한다. 단순히 유명하다는 이유만으로 다른 유튜버와 협업하는 것은 추천하지 않는다. 서로의 시청자층이 일치하지 않으면 협업을 할지라도 여러분의 콘텐츠가 제대로 노출되지 않을 것이다.

예를 들어 여러분이 만일 사진기술과 카메라, 조명 등에 초점을 맞춘 IT 채널을 운영하고 있다면 요리 채널을 운영하는 사람과 협업하는 것은 적절하지 않다. 흥미로울 수는 있으나 타깃 시청자에게 다가가거나, 올바른 방향으로 콘텐츠를 노출할 수 있는 최선의 방법은 아니다. 그러나 협업 상대의 콘텐츠 종류가 다르다고 해서 그의 시청자층이 아무런 영향력이 없다는 의미는 아니다. 또 미국 프로 미식축구연맹 뉴스와 정보를 집중적으로 다루는 유튜브 인플루언서가 있다고 가정해보자. 여러분은 미식축구 팬들을 위해 경기 날짜에 레시피를 공유하는 요리 채널을 운영한다고 하면 두 채널은 다른 종류의 콘텐츠를 제공하지만, 시청자층은 미식축구라는 공동의 관심사를 가지고 있는 것이다.

여러분과 협업이 가능할 것이라고 예상되는 채널의 시청자층이 가지고 있는 일반적인 관심사와 라이프스타일을 생각해보라. 잠재적 협업 대상과 여러분이 운영하는 채널의 초점은 다를 수 있어도, 상대의 시청자는 여러분의 콘텐츠를 흥미롭고 의미있다고 생각할 수 있다.

잠재적 협업을 고려할 때 상대의 콘텐츠와 가치에 익숙해져라. 과거 영상을 살피고 소셜미디어의 반응도 살펴보고 시청자층을 평가하라. 상대의 유튜브 채널을 살펴봤는데 다른 사람과 협업 작업한 콘텐츠를 찾을 수 없다면, 협업에 그다지 관심이 없는 것일 수도 있다. 그렇다고 연락을 취하지 말아야 한다는 것은 아니지만, 유념할 부분이긴 하다. 한편 협업 작업을 여러 차례 했다면, 함께 콜라보할 수 있는 확률이 높아진다.

사람들이 초보자와 협업하는 이유는?

여러분은 이제 막 채널을 운영하기 시작했다. 아직 구독자 수도 많지 않다. 그렇다면 여러분과 누가, 왜, 협업하려고 하겠는가?

첫째, 여러분은 상대에게 더 많은 콘텐츠를 제공함으로써 가치를 더할 수 있다. 비록 여러분이 잘 알려지지 않았다고 해도 크리에이터들은 자신의 채널에 기여할 수 있는 사람을 좋아한다. 가치를 더하는 것은 단순히 콘텐츠 자체에만 국한된 것은 아니다. 협업을 통해 상대는 작업 시간을 절약할 수도 있다. 유명 크리에이터들은 종종 원하는 콘텐츠를 모두 제작할 시간을 내기가 힘들다. 그들을 도와준다면 여러분의 구독자 수가 적더라도 상대에게 여러분과 협업할 좋은 이유를 제공하는 것이다. 촬영 준비를 하거나 영상 편집을 도와주겠다고 제안해보라.

둘째, 여러분에게는 협업 상대의 콘텐츠가 제공해 줄 수 없는 특별한 기술이나 지식, 경험, 권위가 있을 수 있다. 예를 들어 벤지는 자신의 채널에서 음식을 요리하고 장을 보는 것에 관해 이야기한다. 그러나 그가 모든 것을 다 알 수는 없다. 벤지는 종종 특정 주제에 대해 그보다 더 풍부한 지식을 가진 크리에이터들과 협업을 한다. 유기농 식품과 보통 식품의 차이에 관해 이야기할 때 자연식품 라이프스타일을 추구하는 로브라스^{Rawbrahs}라는 유튜버와 (구독자 수가 상대적으로 적었음에도 불구하고) 협업하였다. 이유는 그가 유기농 식품에 대해 더 많이 알고 있었기 때문이다. 그의 전문성 덕분에 해당 콘텐츠가 벤지의 시청자들에게 좋은 가치를 제공했을 뿐만 아니라, 로브라스 또한 콘텐츠 공동작업을 통해 자신을 알릴 수 있는 계기가 됐다. 물론 양측 시청자에게도 상호적 홍보 효과가 있었다.

셋째, 다른 유튜버에게 참신한 아이디어를 제공할 수 있다. 유튜브 채널을 오랫동안 운영한 크리에이터라면 창의적인 아이디어를 떠올리는 것이 얼마나 어려운 일인지 잘 알 것이다. 새로 시작한 유튜버는 그들의 채널에 새로운 아이디어를 제공해, 이미 유명해진 채널이 타성에 빠지지 않게 도와줄 수 있다.

넷째, 기술적 지원을 제공할 수 있다. 전업 유튜버라고 해서 모든 도구를 다 활용할 줄 안다는 보장은 없다. 많은 유명 유튜버가 사용하기 쉬운 간편한 카메라를 사용한다. 만일 여러분이 사진작가, 또는 비디오 예술가이거나 고품질의 장비를 가지고 있다면 그렇지 않은 유튜버에게 더 질 높은 콘텐츠를 제작할 기회를 제공할 수 있다.

비디오 인플루언서스Video Influencers를 처음 시작하게 된 것도 콜라보레이션을 통해서였다. 우리가 만났을 때, 션은 벤지와 그의 아내가 유명한 유튜버라는 것을 처음 알게 되었다. 반면 션은 유명 유튜버라기보다는 촬영과 후반 삽입에 숙련된 영상 전문가였다 결국 이는 홀

륭한 협업으로 이어졌다. 6장에서 언급했듯이 '웨딩 시리즈'The Wedding Series라는 프로젝트를 함께 진행하였고 윈윈할 수 있었던 것이다. 벤지는 사람들이 흥미를 끌 만한 독특한 콘텐츠를 가져왔고, 션은 카메라 뒤에서 감독이자 비디오 예술가의 역할을 했다. 이와 같은 팀의 협업이 비디오 인플루언서스의 기반을 다지게 해준 것이다.

시작 단계에 있다고 해서 연락 취하길 주저하지 마라. 다른 사람 돕는 것을 싫어하는 사람은 많지 않다. 웃는 얼굴에 침 뱉는 자 또한 없다. 물어본다고 해서 상대가 동의할 것이라는 보장은 없지만, 물어보지도 않으면 협업할 기회는 평생 없을 것이다.

협업 대상을 찾고 연락 취하기

협업하고 싶은 사람들의 목록을 작성하라. 인터뷰하고 싶은 대상은 계속 늘어나기에, 우리는 구글 독스를 이용해 대상의 목록을 작성해 둔다. 그렇게 하면 이들을 한눈에 볼 수 있어, 주기적으로 연락을 취하기가 수월하다. 요즘 사람들은 바쁘고, 이메일의 받은 편지함이나 소셜미디어 피드feed('소식을 알리는 이'라는 뜻으로, 일종의 미리보기)가 꽉 차 있다. 목록에 있는 사람들에게 분기마다 한 번 혹은 1년에 두 번 정도 연락해 볼 것을 권한다. 목록에 있는 사람들에게 계속 돌아가며 연락을 취하라.

협업을 위해 유튜브에서 다른 크리에이터들을 검색할 때 성공할 확률이 높은 경우는 상대의 채널 규모가 여러분과 비슷할 경우다. 물론 누구나 규모가 크고 성공한 채널을 운영하고 있는 사람들과 협업하기를 바라지만, 그런 사람들은 훨씬 더 많은 제안을 받는다. 자신의 채널과 비슷한 정도의 구독자를 보유하고 있는 사람일수록 긍정적으로 응답할 확률이 높다. 시청자 수보다 중요한 것은 시청자의 공통 관심사와 콘텐츠의 유사성이다. 더 성공한 유튜버와 협업할 수 있는 최고의 방법은 인터뷰 제안을 하는 것이다.

인터뷰의 경우 자신을 동료의 입장에 두지 않는다. 상대의 정보나 지혜, 조언, 통찰력 등을 더 많은 시청자와 공유할 수 있도록 도와주는 사람의 입장에 서는 것이 좋다. 이때 상대는 최대한 적은 노력을 기울여도 되게끔 해야 한다. 구글 행아웃^{Google Hangouts}과 같이 무료로 사용할 수 있는 온라인 커뮤니케이션 툴을 이용해 협업 상대가 보다 쉽게 인터뷰에 응할 수 있게 하는 것도 중요하다. 이를 통해 세계 곳곳의 사람들을 인터뷰할 수 있고, 해당 인터뷰를 자신의 유튜브 채널에 공유도 할 수 있다.

이러한 인터뷰 방식은 우리에게 큰 효과가 있었다. 우리는 비슷한 규모의 채널들을 인터뷰했을 뿐만 아니라, 훨씬 더 많은 구독자를 보유한 크리에이터들을 초빙하는 데 성공하기도 했다. 비디오 인플루언서스^{Video Influencers} 채널에 구독자가 1만 명밖에 없었을 때, 우리는 수백만 명의 구독자를 보유한 크리에이터들을 인터뷰하는 데 성공했다.

우리가 인터뷰 동의를 얻는 비법 중 하나는 상대에게 가능한 한 많은 가치를 더해 주는 것에 초점을 맞추는 것이다. 예를 들어, 만일 어떤 크리에이터가 책을 쓰고 있다면, 우리는 그 책에 대한 정보를 시청자와 공유한다. 우리의 목표는 양질의 인터뷰를 제공하고, 그들의 콘텐츠와 프로젝트를 홍보하며, 진행된 인터뷰를 최대한 많은 시청자들과 공유하기 위해 열심히 노력해, 그들이 우리와 인터뷰한 것을 만족스럽다고 생각하게 하는 것이다.

잠재적인 협업 대상에게 연락을 취하는 또 다른 좋은 방법은 이벤트를 활용하는 것이다. 유튜브상에서 비드콘^{VidCon}(크리에이터와 미디어 종사를 위해 미국에서 개최되는 콘퍼런스), 플레이리스트 라이브^{Playlist Live}(유튜브 콘텐츠 크리에이터를 위해 미국에서 열리는 연간 콘퍼런스), CVX Live(온라인 미디어 크리에이터를 위해 미국에서 열리는 이벤트), 비드서빗^{VidSummit}(유명 비디오 크리에이터, 브랜드, 관련 에이전시가 참석하는 콘퍼런스), 비디오 마케팅 월드^{Video Marketing World}(브랜드와 크리에이터를 위한 워크숍), 클레머콘^{ClamourCon}(온라인 크리에이터를 위한 콘퍼런스) 등의 라이브 이벤트는 계속해서 인기를 얻고 있다. 이런 행사들은 여러분이 협업하고 싶은 사람들과 만날 수 있는 기회를 제공한다. 여러분이 주도적이고 전략적으로 움직여 협업을 위한 사전 계획을 미리 세워둔다면, 행사 당일 참석 현장에서도 협업 대상자들과 영상을 찍을 수 있을 것이다.

또한, 이런 행사 참석을 통해 구축한 인맥 네트워크를 활용하여 향후 협업을 위한 발판으로 사용할 수도 있을 것이다. 자신과 직접 연관이 없는 분야의 이벤트라도 가급적 참석하는 것이 좋다. 이는 새로운 사람들과 만날 수 있는 기회를 제공하며, 이를 통해 다양한 협업 대상자를 찾을 수 있기 때문이다.

우리는 항상 지역 소셜미디어나 영상 제작, 소규모 비즈니스, 사업 이벤트 등을 찾아다녔고, 이를 통해 수많은 중요한 관계를 형성할 수 있었다. 우리가 진행하는 대부분의 협업은 이러한 이벤트가 진행될 때 이루어지며, 때로는 이벤트 당일에도 급작스럽게 협업이 이루어지곤 한다. 참석자들 대부분은 이러한 행사에 참석하기 위해 시간과 비용, 노력을 들였기 때문에 콜라보 촬영이나, 즉석 인터뷰에 호의적으로 반응하기 때문이다.

앞 장에서 콘텐츠를 한꺼번에 미리 제작하는 것의 이점에 대해 이야기한 바 있다. 최근 팜스프링스(캘리포니아주의 도시)에서 있었던 클래머콘(GlamourCon) 이벤드에서 우리는 이틀 동안 무려 20개의 인터뷰를 촬영했다. 고된 작업이었고, 이틀째 되던 날에는 기력이 거의 남아 있지 않았다. 그러나 한 번에 20주 분량에 달하는 영상을 제작할 수 있었다. 따라서 이런 이벤트에 참석하는 것은 큰 비용과 시간이 늘겠지만 결과물들은 본전 이상일 것이다.

이제 협업하고 싶은 사람들에게 연락을 취하는 몇 가지 방법에 대해 알아보자. 첫 번째는 트위터를 이용하는 것이다. 트위터는 그 누구와도 소통할 수 있게 하는 적절한 플랫폼이기 때문에 우리도 즐겨 사용한다. 다른 인플루언서들과의 협업을 하기 위해 어떻게 창의적으로 트윗할 수 있을지 생각해보라. 또 다른 옵션은 다이렉트 메시지를 이용하는 것이다. 특히 인스타그램 다이렉트 메시지[DM]는 꽤 효과적인 수단이다.

한가지 염두에 둘 것은 여러분을 팔로우하지 않는 사람에게 메시지를 보낼 경우 메시지가 스팸 폴더로 갈 가능성이 높다는 것이다. 그렇다고 연락을 포기하지는 마라. 많은 사람이 주기적으로 스팸 폴더를 확인하기 때문에 여러분의 메시지를 발견할 수도 있다. 100명에게 메시지를 보냈을 때 몇몇은 응답할 수도 있다. 그렇게 된다면 여러분의 노력은 결코 헛된 것이 아니다.

대부분의 유튜브 채널은 '정보' 페이지에 비즈니스 관련 문의를 위한 이메일 주소가 기재되어 있다. 또한, 자신의 관심 분야와 관련 있는 인플루언서들이 모이는 페이스북 페이지나 온라인 커뮤니티를 찾아보는 것도 좋은 방법이다. 이 두 곳은 관계를 구축할 사람들을 발견할 수 있는 아주 좋은 장소이다.

어떤 전략을 사용하든, 공격적인 접근법은 삼가길 바란다. 창의적으로 연락을 취할 수 있는 방법에 대해 고민해보고, 강압적이거나 진부하지 않게 이목을 끌 수 있는 방법에 대해 생각해보라. 종종 우리와 협업하기 위해 연락을 주는 사람이 있다. 이때 똑같은 메시지를 복사, 붙이기하여 여러 사람에게 보내는 경우가 있는데 이는 무시당하기 가장 좋은 방법이다. 우리는 상대가 우리 콘텐츠를 시청했고, 우리가 어떤 작업을 하고 있는지에 대해 잘 알고 있으며, 사려 깊은 방식으로 연락을 줬다는 느낌을 주는 상대를 좋아한다. 그럴 경우 그들과 협업할 확률이 높아진다.

꿀팁:

협업을 위해 다른 사람들에게 연락을 취하면서 자주 범하는 실수는 너무 자기 자신에게 초점을 맞추는 것이다. 자신에게 돌아오는 혜택이 무엇인지 생각하기보다 상대에게 어떤 가치를 제공할 수 있는지에 초점을 맞추기 바란다.

사람들은 유튜브 초장기 때부터 협업을 해왔으며, 많은 사람들이 그 결과로 크게 성공했다. 유명한 유튜버에게 연락을 취해보는 것을 두려워하지 마라. 누가 제안을 받아들일지는 아무도 모른다.

우리가 가장 좋아하는 콜라보레이션 중 하나는 누군가와 약속이 취소되었을 때 우연히 진행되는 경우이다. 우리는 한 유명한 인플루언서를 인터뷰하기 위해 뉴욕으로 갔다. 그러나 인터뷰 당일 아침 상대의 스케줄이 변경되어 우리와의 미팅을 취소해야 했다. 여러분도 상상할 수 있겠지만, 먼길을 왔기 때문에 불만스러울 수밖에 없는 상황이었다. 그러나 전날 우리가 취했던 행동 덕분에 뉴욕까지 간 것이 수포로 돌아가지는 않았다.

우리는 뉴욕에 도착해서 그곳에 살고 있는 다른 크리에이터에게 이메일을 보냈다. 이 크리에이터는 우리가 상상했던 것 이상으로 우리를 환영해 주었다. 그는 2016년 GQ의 뉴미디어 스타상과 2016년 스트리미 어워드^{Streamy Awards}에서 베스트 1인칭 시리즈 온라인상^{Best First-Person Series Online}을 받은 사람이자, 유튜브에 900만 이상의 구독자를 보유하고 있는 케이시 네이스탓^{Casey Neistat}이다. 그는 우리를 스튜디오에 초대했고, 우리는 그곳에서 인터뷰를 진행할 수 있었다. 그는 인터뷰와 해당 영상 링크를 자신의 채널에서 모든 구독자 앞에서 큰 소리로 소개하였다. 실망감으로 시작한 하루가 큰 기회로 전환된 놀라운 경험이었다.

콜라보레이션의 영향력은 대단하다. 지금부터 그러한 기회를 잡기 위해 노력하되, 당장 이뤄지지 않는다고 해서 낙담하지 마라. 협업은 시간이 걸리는 일이기 때문이다. 하지만, 다음 장에서는 유튜브 채널을 이전보다 더 빠르게 성장시키기 위해 당장 활용할 수 있는 전략을 공유하도록 하겠다.

제11장 트렌드와 텐트폴

TRENDS & TENTPOLES :
유행과 화젯거리에 편승하라

"기회가 있는 곳이 아니라 기회가 생길 곳으로 가야 한다."

_제레미 구체(Jeremy Gutsche)

우리는 인터넷을 통해 전세계로 빠르게 확산되는 밈meme (인터넷 짤), 동영상 챌린지, 인터넷 하이퍼 트렌드, 할렘 셰이크Harlem shake (인터넷 유행어), 플랭킹planking (인터넷을 통해 유행된 시체 놀이), 마네킹 챌린지 (부동자세로 영상을 찍는 인터넷 유행 영상)의 시대에 살고 있다. 한때 유행했던 인터넷 트렌드 중 하나는 'ALS Ice Bucket Challenge'라고도 불리는 아이스 버킷 챌린지였다. 이 챌린지는 근위축성 측색 경화증ALS 에 대한 인식을 증진시키기 위해 차가운 얼음물이 담긴 양동이를 머리에 뒤집어쓰는 방식으로 진행되었고, 2014년 7월부터 8월까지 SNS 를 통해 급속도로 확산되었다. 인터넷에서 순식간에 큰 인기를 얻은 아이스 버킷 챌린지를 통해 ALS 연구를 위한 1억 1,500만 달러가 모금되었고, 과학자들은 ALS와 연관된 새로운 유전자를 발견할 수 있었다.

인터넷 트렌드가 엉뚱하고 마구잡이인 것처럼 보일 수도 있지만 트렌드에 참여하는 것은 콘텐츠 크리에이터들에게 매우 현명한 전략이 될 수 있다. 유튜브에서 가장 중요한 것은 타이밍이다. 휴일, 계절, 바이럴 영상, 인기 있는 음악, 최신 영화 및 행사 등은 관련 콘텐츠를 제작할 수 있는 기회를 제공한다. 이러한 주제를 활용하여 트렌드가 가져다주는 모멘텀을 누리고 노출 가능성을 높여보자.

트렌드란 무엇인가?

트렌드^{TREND}란 인터넷 상에서 무엇인가 급속도로 퍼지는 현상을 말한다. 트렌드가 사람들의 관심을 끌게 되면 인터넷 상으로 걷잡을 수 없이 퍼져 나간다. 우리는 이미 할렘 셰이크나 플랭킹, 마네킹 챌린지와 같은 몇 가지 최신 트렌드를 예로 들었다. 이 트렌드에 대해 잘 모른다면 유튜브에서 영상을 찾아보기 바란다. 피젯 스피너^{fidget} ^{spinners}(외선을 시기머 스트레스와 불안감을 해소할 수 있는 장난감)와 호버보드^{hover boards} (두개의 바퀴가 달린 전동보드) 같은 인기 제품도 트렌드의 일종이다.

똑똑한 인플루언서들은 트렌드를 바탕으로 콘텐츠를 만들거나 제품 리뷰를 하고, 제휴 마케팅을 통해 수익을 창출한다. 젊은 층에서 피젯 스피너가 유행하자 똑똑한 유튜버들은 그 작고 단순한 장난감을 가지고 놀 수 있는 온갖 창의적인 방법을 찾아 동영상 노출 가능성을 높이고자 했다.

시사문제에 대한 가십거리도 트렌드가 될 수 있다. 세계에서 가장 유명하고 가장 오랜 기간 활동한 유튜버 중 한 명인 필립 데프랑코^{Philip DeFranco}는 유튜브를 처음 시작했을 때부터 이 트렌드를 활용했다. 필립의 채널에는 다양한 뉴스와 오늘의 주제^{topic-of-the-day}라는 콘텐츠가 올라오는데 정말 흥미롭다. 매 순간 가장 빠르게 확산되고 있는 헤드라인과 가십거리를 기가 막히게 찾아낸다. 그리고 그 주제에 대해 이야기하면서 자신의 의견을 제시한다. 워낙 인기 있는 주제를 다루다 보니 채널을 구독하지 않는 사람들도 필립의 영상을 검색한다. 필립은 이 단순한 전략을 통해 500만 명 이상의 구독자를 보유하게 되었고, 그의 영상은 20억 뷰 이상의 조회 수를 기록했다.

마지막 방법은 여러분이 잘 알고 있거나, 여러분이 속한 업계와 관련 있는 사건을 이용하는 것이다. 예를 들어 2017년 삼성은 갤럭시 노트 7 폭발 문제로 큰 곤욕을 치렀다. 갤럭시 노트 7은 한때 항공기 반입이 금지되기도 했다. 삼성에게는 끔찍한 일이었지만 테크 분야의 똑똑한 인플루언서들은 관련 해설 영상이나 코미디 영상을 제작하여 자신들의 영상이 이 사건만큼이나 빠르게 알려지고 공유될 수 있도록 했다. 제리리그에브리씽^{JerryRigEverything}이라는 유튜버는 갤럭시 노트 7이 실제로 폭발하는 영상을 올렸고, 이 영상은 720만 건의 조회수를 기록했다.

트렌드 활용법

ALS 아이스 버킷 챌린지의 경우 출신 배경이나 업계, 주제, 직종에 관계없이 거의 모든 콘텐츠 크리에이터들이 참여했다. 아이스 버킷 챌린지는 중요한 문제에 대한 인식을 증진시켰을 뿐만 아니라, 얼음장같이 차가운 물을 머리에 뒤집어쓰는 모습을 보여줌으로써 많은 사람들의 관심을 끌고 재미를 주었다. 기업가에서 연예인, 뮤지션, 가정주부에 이르기까지 너 나 할 것 없이 모두 참여하였다.

여러분이 매우 전문적인 산업에 종사하고 있더라도 이러한 문화적 트렌드에 참여하는 것을 고려해보아야 한다. 비즈니스는 결국 사람과 사람이 더불어 만들어내는 것임을 잊어서는 안 된다. 망가지는 모습을 보여주고 스텝들이 재미있게 놀고 즐기는 모습을 보여주는 것만으로도 SNS 플랫폼이나 유튜브 채널에 올릴 수 있는 훌륭한 콘텐츠가 된다. 우리가 여러분의 분야에 집중하라고 조언하기는 했지만, 아이스 버킷 챌린지 같은 트렌드가 좋은 이유는 워낙 유행하는 트렌드여서 어떤 채널에서 도전해도 이상할 것이 없다는 점이다. 챌린지가 채널 주제와 맞지 않는다고 해도 인간적인 유대를 형성하고 더 큰 문화를 즐길 수 있는 좋은 기회이다. 채널의 콘텐츠와 맞지 않는다 하더라도 오랜 구독자들은 이해해줄 것이다.

트렌드를 활용하는 또 다른 방법은 유행하는 노래나 대중문화에서 주목할 만한 장면들을 다루는 것이다. 예를 들어 가족 브이로그 채널을 운영 중인 샘과 니아^{Sam and Nia}는 구독자 수를 200만 명 이상으로 늘리는 데 성공했다. 이 채널이 크게 성장했던 계기는 온 가족이 미니밴을 타고 가면서 디즈니 겨울왕국 OST인 '사랑은 열린 문'^{Love Is an Open Door}을 부르는 영상이 큰 인기를 얻었기 때문인데, 이 콘텐츠로 구독자를 늘렸다는 사실을 아는 사람은 그리 많지 않다. 이 영상은 샘과 니아가 이제 막 영향력을 키워가던 초반에 2,200만 건 이상의 조회 수를 기록했다. 비슷한 효과를 얻기 위해 대중문화나 음악, 영화에 여러분의 콘텐츠를 어떻게 담아낼 수 있을지 생각해보자.

인기 있는 인플루언서에 관한 콘텐츠를 만드는 것도 트렌드를 활용하는 방법이 될 수 있다. 예를 들어 션은 테크 채널인 씽크미디어^{THiNK Media}에 케이시 네이스탯^{Casey Neistat}(미국의 유명 유튜브 크리에이터)의 촬영 장비를 소개하는 영상을 올렸다. 케이시도 자신의 촬영 장비를 개괄적으로 소개하는 영상을 올리긴 했지만 자세한 정보를 제공하지는 않았다. 션은 그 영상을 보고 사람들이 케이시가 사용하는 촬영 장비의 모든 것을 소개하는 영상을 보고 싶어 할 것이라 생각했고 이를 제작했다. 그는 케이시의 장비를 상세하고 자세하게 설명했고, 케이시의 영상이 올라온 다음 날 션이 제작한 영상을 업로드했다. 이 영상은 사람들이 그동안 알고 싶어 했던 상세한 정보를 알려준 덕분에 33만 건 이상의 조회 수를 기록했다. 또한 카메라 장비와 영상 기자재를 다루는 션의 채널이 노출되는 효과도 있었다.

평소 제작하던 콘텐츠에 트렌드를 담아낼 방법을 끊임없이 찾아보아야 한다. 새로운 트렌드가 대중문화에 녹아들 때마다 '어떻게 하면 내 브랜드를 유지하면서 이 트렌드를 활용할 수 있을까?'라고 자문해보자. 예를 들어, 요리 채널을 운영하고 있다면 콘텐츠에 접목할 수 있는 인기 있는 레시피를 찾아보는 것이다.

기업가들 사이에서 유명해진 트렌드 중에 '방탄커피'^{Bulletproof Coffee}라는 것이 있다. 방탄커피란 매일 마시는 커피에 버터와 MCT 오일을 첨가한 것으로 뇌 기능을 증진시키는 효과가 있다고 알려져 있다. 방탄커피 레시피가 유명해지면서 똑똑한 유튜브 크리에이터들은 트렌드를 활용한 영상을 제작했고 적게는 2만 건에서 많게는 200만 건 이상의 조회 수를 얻었다!

여러분의 관심 분야와 관련하여 SNS에서 무엇이 인기를 얻고 있는지 살펴보고 콘텐츠에 담아보자. 명확한 의도와 전략을 가지고 트렌드와 인기 콘텐츠, 문화 행사 등을 여러분의 콘텐츠에 어떻게 접목시킬지 생각해보아야 한다. 트렌드는 스피드가 생명이라는 것을 잊지말아야 한다. 기회를 포착했다면 즉시 행동하여 인기가 사그라들기전에 콘텐츠를 올릴 수 있도록 하자.

> **꿀팁:**
>
> 유튜브에서 어떤 영상이 인기 있는지 알고 싶다면 'youtube.com/trending'을 참고하자. 어쩌면 여러분의 콘텐츠에 활용할 수 있는 트렌드를 발견할 수 있을지도 모른다.

텐트폴이란 무엇인가?

우리는 지금까지 트렌드란 무엇인지, 그리고 여러분이 영향력 있는 유튜버로 성장할 수 있도록 도와줄 트렌드의 힘에 대해 이야기했다. 그런데 또 한 가지 주목해야 할 것이 있으니 바로 텐트폴^{tent-pole}이다. 텐트폴은 과연 무엇일까?

텐트폴은 1년 동안 반복적으로 개최되는 행사나 휴일을 활용하는 방법 중 하나이다. 할로윈을 예로 들어보자. 사람들은 할로윈 몇 달 전부터 할로윈에 관심을 갖기 시작한다. 바로 그 시점이 텐트폴의 시작점이다. 관심이 정점에 달한 시점은 텐트의 중간지점이다. 이 지점에 도달하면 대부분의 사람들은 더 이상 할로윈에 대해 검색하지 않는다. 흔히 실제 휴일 직전에 이런 현상이 발생한다. 휴일이 지나고 나면 관심도가 급락한다. 할로윈의 경우 10월 내내 관심도가 올라가다가 31일에 정점을 찍고 다음날 거의 즉시 떨어진다.

가장 확실한 텐트폴 행사는 대개 휴일로 구성되어 있다. 1월 1일, 발렌타인 데이, 성 패트릭 데이, 할로윈, 추수감사절, 크리스마스, 그리고 때로는 간과하기 쉬운 어버이날, 심지어는 노동절이나 현충일까지도 해당된다. 여러분은 이 모든 휴일을 활용하여 채널과 관련 있는 전략적인 콘텐츠를 제작하고 업로드 일정을 계획할 수 있다.

휴일 외에 슈퍼볼이나 아카데미 시상식 같은 주요 문화 행사도 텐트폴이 될 수 있다. 유튜버에게는 모든 주요 문화 행사가 높은 관심을 끌 수 있는 콘텐츠를 제작할 수 있는 기회라고 생각하면 된다. 선거나 또 한 번 큰 인기를 누릴 수 있는 스타워즈 영화의 개봉, 사람들이 관심을 가질 만한 관련 문화 행사들을 놓치지 말아야 한다.

계절도 텐트폴이 될 수 있다. 라이프 스타일이나 패션 채널을 운영하고 있다면 계절별 코디를 추천하는 영상을 제작할 수 있다. 휴일이나 문화 행사 외에 특정 업계에서 개최하는 유명한 행사도 텐트폴이 될 수 있다. CES는 세계 최대 규모의 전자제품 박람회 중 하나이다. 테크 채널을 운영하고 있다면 콘텐츠 제작에 이보다 더 완벽한 행사는 없다. 행사에 직접 참여하지 못하더라도 행사 전에 관련 콘텐츠와 해설 영상을 제작할 수 있다. 트위터나 인스타그램 등 SNS 플랫폼에 올라온 관련 해시태그를 활용해 보자. 행사 시작 전부터 끝까지 대화에 참여하자. 이렇게 하면 채널 인지도와 노출도를 극대화할 수 있다.

텐트폴 활용하기

효과적인 텐트폴 전략에서 가장 중요한 것은 남들보다 빠르게 주제에 올라타는 것이다. 할로윈 시즌에 콘텐츠를 제작한다면 관심도가 정점에 달할 때까지 기다려서는 안 된다. 그때는 이미 너무 늦었다. 사람들이 할로윈 의상이나 레시피 등 할로윈과 관련된 모든 것을 검색하기 시작할 때부터 관련 콘텐츠를 올리기 시작해야 한다. 실제 휴일보다 몇 주 또는 2~3개월 먼저 시작한다고 생각하면 된다. 관련 콘텐츠를 일찍 올리면 다른 크리에이터들을 앞지를 수 있고, 그렇게 되면 조회 수 경쟁도 더 수월해진다. 또한 검색 건수가 최고조에 달했을 때 모멘텀을 얻을 수 있고 콘텐츠가 상위에 노출될 가능성이 커진다.

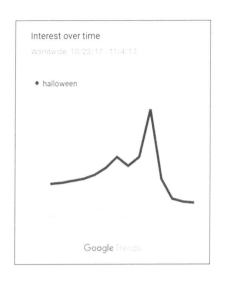

Interest over time

Worldwide, 10/22/17 - 11/4/17.

● halloween

Google Trends

　텐트폴 전략을 세울 때 사용할 수 있는 가장 좋은 툴은 구글 트렌드(trends.google.com)이다. 이 툴을 사용하면 휴일이나 문화 행사 등 모든 트렌드에 대한 관심도와 검색 건수가 언제 올라가기 시작하는지, 언제 급상승하는지, 언제 정점에 도달하는지, 언제 줄어드는지 등 구체적이고 명확한 정보를 확인할 수 있다. 이번 장에 언급된 다른 전략들을 함께 사용하는 것도 고려해보자. 예를 들어 다른 유튜버와 콜라보를 하고 싶다면 텐트폴 기간에 일정을 잡아 트렌드의 가치를 높이고 강화하는 것이다.

　마지막으로 빠르게 움직이는 자에게 복이 온다는 것을 기억하자. 텐트폴 전략은 미리 계획하고 최대한 빠르게 트렌드와 텐트폴에 올라 탈 수 있도록 전략적인 콘텐츠 일정표를 작성하자. 때로는 다른 일로

바빠서 몇몇 행사를 놓칠 수도 있다. 그렇게 되더라도 대형 텐트폴 행사를 최대한 활용할 수 있도록 무엇이든 할 것을 추천한다. 계획을 취소하거나 밤늦게까지 일을 하고, 콘텐츠를 완성하기 위해 스스로를 몰아붙여야 할 수도 있다.

연습과제: 트렌드와 텐트폴 목록

여러분의 분야에 속한 텐트폴과 트렌드를 활용하기 위한 창의적인 아이디어를 적어보자. 션의 테크 채널을 예로 들자면, 사이버 먼데이(미국의 추수감사절 연휴 후 첫 월요일. 블랙 프라이데이 할인행사가 이어지는 날로, 이때는 온라인 쇼핑 업체들이 집중적으로 할인행사를 벌임)나 블랙 프라이데이(미국 추수감사절 다음 날 금요일로, 1년 중 가장 큰 폭의 세일 시즌)가 있을 것이다. 션은 이 두 행사가 11월 말에 진행된다는 것을 알고 있기 때문에 늦어도 10월부터는 콘텐츠 계획을 세우고 준비를 시작할 것이다. 벤지는 음식 채널을 운영하고 있기 때문에 초가을부터 추수감사절과 크리스마스를 위한 다양한 레시피를 고민할 것이다. 이렇게 하면 일찍부터 사람들의 눈에 띌 수 있다.

미리미리 계획을 세워두면 텐트폴의 시작점에 콘텐츠를 공개하여 노출도와 조회 수를 극대화할 수 있다. 사업에 유튜브를 활용하고 있다면 콘텐츠에 접목할 수 있는 업계 행사가 어떤 것이 있는지 생각해

보자. 라이프스타일과 뷰티 채널을 운영하고 있다면 인기 연예인의 메이크업이나 스타일에 대한 영상 제작을 고려해보자. 그리고 패션 유행의 변화에 발맞출 수 있도록 전략적으로 영상 제작 계획을 세우자.

어떤 종류의 채널을 운영하든 트렌드와 텐트폴을 활용하여 채널 인지도를 높일 수 있다. 하지만 이것이 유일한 방법은 아니다. 다음 장에서는 여러분의 영향력을 키우고 확대하며 팀워크의 힘을 빌려 더 많은 유튜브 콘텐츠를 만드는 비법에 대해 이야기할 예정이다.

제12장 팀

TEAM :
비전을 키워라

"재능은 경기에서 승리하게 한다. 그러나 팀워크와 지성은 챔피언십 우승을 거두게 한다."

_마이클 조던(Michael Jordan)

　새들은 왜 V자 형태로 무리를 지어 날아갈까? 새가 날갯짓을 할 때마다 바로 뒤따라오는 새가 올라탈 수 있는 상승기류가 형성되기 때문이다. 그래서 V자 형태로 날아가게 되면 혼자일 때보다 71%나 더 멀리 갈 수 있다고 한다. 내 주변을 나와 비슷한 방향성과 공동체 의식을 지닌 사람들로 채우면 서로의 추진력과 에너지, 모멘텀에 힘입어 목표 지점까지 훨씬 더 쉽게 나아갈 수 있다.

지금쯤이면 유튜브 채널과 SNS 계정을 운영하는 것이 힘든 일이라는 것을 깨달았을 것이다. 많은 사람들이 유튜브를 혼자 시작하지만, 우리는 처음부터 팀을 꾸려 시작할 것을 추천한다. 지금부터는 팀으로 유튜브를 시작하는 방법에 대한 생각과 아이디어, 팁을 공유할 예정이다.

팀과 함께 시작하라

큰 성공을 거둔 인플루언서 중에서 팀이 없는 사람은 본 적이 없다. 개인 비서나 카메라맨, 매니저나 제작사 등 누가 되었건 반드시 팀이 있었다. 팀이란 유튜브 채널을 만드는 데 있어 도움을 주는 사람들을 말한다.

유튜브 외에 여러분의 시간을 잡아먹는 다른 일이 있다면 팀의 도움이 특히 중요하다. 본업이 있거나 학교에 다니거나 가족을 돌봐야 한다면 팀을 만드는 것을 고려해보아야 한다. 친구나 가족도 당연히 팀원이 될 수 있다. 남편이나 아내가 공과금 납부를 도와주거나 아이들을 돌봐준다면 그들도 여러분의 팀이다.

크리에이디들이 범하는 가장 큰 실수 중 하나는 가까운 사람들에게 자신이 갖고 있는 흥미로운 비전에 관해 이야기하지 않는다는 것이다. 가족이나 친구에게 인터넷에서 영향력을 확대하고자 하는 여러분의 비전에 관해 이야기한 적이 있는가? 이들에게 도움을 요청하거나 도움을 줄 수 있는 실질적인 방법을 알려준 적이 있는가? 초반에는 팀을 만든다는 것이 누군가를 고용해야 한다는 의미가 아니다. 여러분의 영향을 받고 있는 사람들에게 협조를 구한다는 의미이다.

여러분이 팀원을 고용할 수 있는 충분한 자본을 갖고 있지 않다면, 처음에는 현실적인 비용으로 사람을 고용해야 한다. 주변 사람들이 어떤 일을 도와줄 수 있을지 생각해보자. 또한, 일정을 최적화하고 일을 줄일 수 있는 방법을 생각해보자.

블루에이프런$^{Blue Apron}$(요리 레시피와 식재료 배달 서비스업체) 같은 음식 배달 서비스를 이용하여 아낀 시간을 유튜브 채널에 할애하는 것도 한 가지 방법이다. 벤지는 아내 주디의 첫 번째 팀원으로 일하면서 비즈니스 매니저와 개인 비서 역할을 했다. 하지만 채널이 점점 성장하면서 두 사람 모두 집안일을 돌볼 시간이 없어졌고 벤지는 간단한 집안일을 도와줄 사람을 찾기 시작했다.

벤지가 처음으로 찾은 사람은 용돈을 벌고 싶어 하는 동네 꼬마였다. 예전에 벤지가 YMCA에서 멘토링을 했던 아이였는데, 너무 어려서 일할 기회가 거의 없다는 것을 알고 있었다. 벤지는 아이에게 10

달러를 주고 앞마당과 뒷마당의 잔디를 깎아달라고 했다. 아직 벤지가 유튜브를 시작한지 얼마 되지 않은 시점이었기 때문에 잔디를 깎는 일처럼 단순한 일만 누가 대신 해주어도 많은 시간을 아낄 수 있었고 큰 도움이 되었다. 잔디를 깎던 그 꼬마는 10년 뒤 성인이 되어 벤지의 유튜브 팀에서 풀타임 제작 어시스턴트로 근무하게 되었다.

주변 사람 중 사소한 일과를 대신 해줄 사람이 누가 있는지 생각해보자. 션은 씽크 미디어^{THiNK Media} 채널이 성장하기 시작하자 교회 친구에게 영상 편집을 도와줄 의향이 있는지 물어보았다. 친구가 이전부터 관심을 보였던 터라 션의 눈에는 적임자처럼 보였다. 친구는 여름 인턴십까지 하게 되었고, 영상 편집 일을 돕는 대가로 교육을 받고 정보를 얻어 갔다.

션과 친구는 서로에게 윈윈이었을 뿐만 아니라 금전 교환이 아닌 가치의 교환이 일어났다. 션은 돈을 주고 사람을 고용하는 기존의 방식을 고수하지 않았다. 도움을 요청할 때는 션처럼 새롭고 창의적이며 특별한 기회에 열려 있어야 한다.

팀 빌딩 2단계

어느 정도 자리를 잡았다면 팀을 만들기 위한 다음 단계를 생각해보아야 한다. 돈을 조금 모았다면 그래픽 디자인이나 캡션 자막을 외주에 맡기는 것을 고려해볼 수 있다. 캡션 자막 또는 자막을 입히면 전 세계의 다양한 시청자가 여러분의 영상을 볼 수 있게 되고 유튜브 검색 결과에서 상위에 노출될 수 있다. 캡션 자막을 직접 달려면 시간이 굉장히 많이 걸리기 때문에 1분에 1달러밖에 하지 않는 레브닷컴 Rev.com 같은 서비스를 추천한다.

유튜브 섬네일이나 커버 이미지, SNS 이미지로 사용할 새로운 그래픽 디자인이 필요한가? 파이버닷컴Fiverr.com을 이용하면 최소 5달러의 비용으로 여러분이 원하는 모든 그래픽 디자인을 얻을 수 있다. 업워크닷컴Upwork.com(온라인 프리랜서를 구직하는 웹사이트) 같은 웹사이트에서 가상 비서를 고용할 수도 있다. 누군가를 고용한다고 해서 그 사람을 하루 종일 쓸 필요는 없다. 내가 소질이 없거나 별로 하고 싶지 않은 일을 도와줄 사람을 일주일에 5시간 정도만 고용해도 된다.

어디에서 시간을 벌면 가장 중요한 일에 집중할 수 있을까? 우선 촬영, 편집, 최적화, 유통, 공식 업무, 현금 흐름 유지, 브랜딩, 이메일, 일반적인 문의, 고객 서비스, 팀 관리 중 채널에 가장 중요한 것이 무엇인지 우선순위를 정해보자. 다음으로는 내가 자꾸 미루게 되는 일들을 적어보자.

이제 두 가지 목록을 비교해보고 중복되는 항목을 체크하자. 그리고 가장 상위에 위치한 항목이 무엇인지 확인하자. 그 일부터 외주에 맡기면 된다.

외주를 주는 것이 얼마나 경제적인지 생각해보자. 여러분의 평소 시간당 급여가 20달러이고(물론 우리는 여러분의 시간이 그보다 훨씬 가치 있다고 생각한다) 영상을 하나 편집할 때 두 시간이 걸린다고 한다면, 영상 한 편당 40달러가 든다고 생각할 수 있다. 그러므로 시간당 15달러를 받는 편집자를 고용하고 동일한 영상 편집에 두 시간이 걸린다고 한다면 시간당 5달러를 아끼는 셈이 된다. 이제 여러분은 그 두 시간을 더 잘 하는 일에 투자하고 더 많은 수입을 올릴 수 있다.

대부분의 사람들은 돈을 조금 벌기 시작하면 물건을 사거나 새로운 경험을 하는 데 돈을 쓴다. 그것도 좋긴 하지만 유튜브에서 여러분의 사업과 브랜드를 확장하고 싶다면 혼자 할 때보다 더 많은 일을 할 수 있도록 다른 사람의 능력에 돈을 투자할 것을 추천한다.

션이 초창기에 고용했던 사람 중 한 명은 트위터에서 만난 여성으로, 영상을 배우고 싶어 하는 사람이었다. 그러나 당시 션은 비용을 지급할 여력이 없었다. 그 여성이 원하는 것은 온라인 영상에 대해 공부하고, 유튜브를 통해 부수입을 얻을 수 있는 방법을 배우고 싶은 것이 전부였다. 그래서 션은 그녀의 도움으로 유튜브 채널 수익이 생길 때마다 수익의 일정 부분을 지급하겠다는 약속을 했다. 아무런 보상을 받지 못할 위험 부담도 있지만, 일을 잘 해내고 성과가 오르면 보상을 받을 수 있는 좋은 조건이었다.

두 사람의 관계는 이렇게 단순하게 시작했다. 하지만, 팀워크를 발휘하면서 빠르게 성장하고 수입을 늘리고, 궁극적으로 더 큰 성공을 거두었기 때문에 두 사람 모두 함께 성장할 수 있었다. 그녀는 위험을 무릅쓴 결정을 내렸지만 성공했고 지금은 션의 팀에서 풀타임으로 근무하고 있다.

도움을 줄 수 있는 사람을 찾고 싶다면 SNS를 활용하자. 페이스북을 열어 인턴십에 관심 있는 사람을 찾고 있다는 글을 올리자. 여러분의 관심 분야에서 활동하는 창의적인 전문가들을 링크드인^{LinkedIn}에서도 찾아보자. 친구나 지인에게도 알리자. 어떤 일이 벌어질지는 아무도 모른다. 팀 빌딩에 대한 기존의 사고방식만 고수해서는 안 된다. 우리의 채널(그리고 이 책)은 유튜브에서 성공하길 원하는 사람이 정말 많다는 사실을 반증한다. 경험을 쌓을 기회가 있고 무엇이든 배울 수 있다면 무급으로라도 일하겠다는 사람이 얼마나 많은지 알고 나면 깜짝 놀랄 것이다. 어쩌면 여러분의 공동체에서 적임자를 찾을 수도 있다. 이미 여러분의 채널을 구독하고 여러분을 팔로우하고 있을지도 모른다.

곁에 두면 좋은 사람들

팀이라고 해서 꼭 콘텐츠 제작에 직접적인 도움을 주는 사람들만을 이야기하는 것은 아니다. 우리는 여러분에게 격려를 아끼지 않을 마음 따뜻한 친구나 멘토를 곁에 두는 것도 중요하다고 생각한다.

감명 깊은 연설로 유명한 짐 론Jim Rohn은 다음과 같은 명언을 남겼다. "우리는 가장 많이 어울리는 다섯 사람의 평균이 된다."

인플루언서들을 인터뷰하고 성공한 기업가들과 친분을 쌓으며 알게 된 사실은 이들이 명확한 의도를 가지고 세계적인 천재들과 어울린다는 것이었다. 이들은 자신이 어떤 성장 단계에 있든지 원대한 꿈을 가지고 있고, 자극을 받을 수 있고, 조언을 구할 수 있는 사람들을 곁에 두고 싶어 했다. 여러분도 이렇게 해야 한다.

멘토를 찾고 있다면 세 단계를 거쳐야 한다.

첫 번째 단계는 콘텐츠를 통해 멘토를 만나는 것이다. 책을 읽거나 영상을 시청하고, 팟캐스트를 들으며 여러분의 비전을 확대하는 데 필요한 최신 정보를 받을 수 있는 교육 자료를 참고하는 것이다. 이는 여러분에게 영감을 주고 더 큰 생각을 품게 할 것이다.

두 번째 단계는 컨퍼런스나 업계 행사에 참석하여 여러분이 모든 분야에서 한 단계 업그레이드될 수 있도록 도와줄 뜻을 같이하는 사람들이나 전문 연사들과 어울리는 것이다. 우리는 업계에서 매년 개최하는 여러 컨퍼런스에 참석하는 것을 우선 순위로 두고 있다. 행사를 주제로 한 콘텐츠를 만들기 위해서만이 아니라, 그곳에 있는 동안 사람들을 만나고 그들로부터 배우기 위해서이다. 고대 성서에 등장하는 격언처럼 '철이 철을 날카롭게 하는 것 같이 사람은 친구의 얼굴을 빛나게 한다'. 다시 말해 여러분이 성공의 다음 단계를 경험할 수 있도록, 여러분에게 자극을 주고 여러분을 준비시킬 리더들을 주변에 두어야 한다는 의미이다.

세 번째 단계는 코칭에 투자하는 것이다. 전문가와 1시간 동안 스카이프로 통화를 하는 것처럼 간단한 방법이 될 수도 있고, 보다 깊이 들어갈 수도 있다. 결론은 성공으로 향하는 여정 내내 확실한 의도를 가지고 여러분에게 도움을 줄 수 있는 사람들을 주변에 두어야 한다는 것이다.

유튜버와 기업가로 살다 보면 외로워질 수 있다. 감정의 롤러코스터를 탄 것 같은 기분이 들기도 한다. 세상을 정복한 것 같은 기분이 들다가도 침대에서 일어나기조차 싫을 때도 있을 것이다. 매 시즌 성공을 거두기 위해 가장 중요한 방법은 성공하는 사람들로 주변을 채워나가는 것이다.

우리를 예로 들어보자. 우리는 모두 유튜버이다. 그러나 각자 다른 능력과 경험을 가지고 있다. 벤지는 기업가이자 팀 빌더이고 풀타임 브이로거인데 반해, 션은 전문 콘텐츠 제작자이자 디지털 마케터이다. 우리는 지난 3년 동안 부수적인 프로젝트의 일환으로 비디오 인플루언서스Video Influencers를 만들었고, 우리가 성공한 이유는 팀으로 일하기 때문이다. 함께 머리를 맞댈 때 독창적인 생각을 할 수 있고 수많은 인플루언서들 사이에서 돋보일 수 있다.

다음 장에서는 여러분만의 능력과 개성, 시각을 발견하는 것이 온라인 영상을 통해 성공적으로 영향력을 구축하고, 수익을 창출하고, 인상을 남기는데 어떻게 도움이 될 수 있을지 더 깊이 다룰 예정이다.

제13장 차별성

THINK DIFFERENTLY :
기존의 관습을 깨뜨려라

"다른 사람과 똑같이 하고 있다면 잘못하고 있는 것이다."

_케이시 네이스탯(Casey Neistat)

유튜브 역사상 가장 빠르게 성장한 채널 중 하나는 케이시 네이스탯$^{Casey Neistat}$의 채널이었다. 구독자 수가 단기간에 900만 명을 돌파했고, 유튜브에서 폭발적인 인기를 누렸다. 케이시는 기존 장르에 신선함을 더해 빠르게 성장했을 뿐만 아니라 상도 많이 받았다.

케이시가 등장하기 전까지만 해도 '일상 브이로그'라고 하면 크리에이터의 일상을 담은 캐주얼한 영상으로 일반 디지털 카메라로 촬영하여 작품성은 별로 없는 영상을 의미했다. 브이로그의 매력은 크리에이터의 개성이지 콘텐츠의 작품성은 아니라고 생각했다. 그런데 케이시는 완전히 새로운 접근방식을 선보였다.

우선 케이시의 촬영 장비는 99%의 브이로거들이 사용하는 디지털 카메라나 스마트폰과는 차원이 달랐다. 케이시는 브이로그에서 절대 볼 수 없었던 카메라 리그^{rig}(일반적인 장비에서 특수 장비까지 폭넓게 이르는 말)를 사용했다. 또한 뛰어난 영상 편집 기술을 활용하여 작품성까지 높였다. 대부분의 브이로거들이 영상을 편집하는데 1시간에서 2시간 정도가 걸린다면 케이시는 한 편에 4시간에서 8시간(또는 그 이상) 정도의 시간을 들였다.

게다가 케이시의 스토리텔링 실력은 미디어 업계에서 적수가 없을 정도였다. 결국 케이시는 15년 이상의 현장 경험과 영상 제작 기술, 세상에 대한 자신만의 시각을 가지고 완전히 새롭고, 다르며, 독특한 무언가를 만들어 냈고 빠른 속도로 인기를 얻었다.

요즘에는 유튜브 컨퍼런스에 가보면 '케이시 네이스탯 스타일$^{Casey Neistat vlogging setup}$의 촬영 장비를 들고 다니는 브이로거들을 심심치 않게 볼 수 있다. 한때 터무니없는 것처럼 보였던 것이 이제는 브이로거들의 꿈의 촬영 장비가 되어 버린 것이다. 케이시는 브이로그라는 장르를 완전히 바꾸어 놓았다.

지금까지 우리는 유튜브에서 성공을 거두는 데 필요한 틀을 제시하였다. 여러분의 성장을 도울 구체적인 방법과 전략도 알려주었지만, 유튜브에서 영향력을 구축하기 위한 성공 방정식 같은 게 있다고 생각하지 않기를 바란다. 또한 우리가 여러분에게 도움이 될 이정표와 성공 사례, 좋은 결과를 얻을 수 있도록 해줄 도구를 제공했기를 바라지만 창조적 노력을 요하는 분야에서 자신만의 길을 개척하는 것은 결국 여러분의 몫이다.

눈에 띄는 사람이 되어라

크리에이터의 개인적인 인생 경험이 채널을 차별화시키는 경우가 많다. 여러분의 유튜브 채널을 차별화하는 데 도움이 될 만한 인생 경험이나 개인적인 또는 업무상의 관계, 전문 분야에는 어떤 것이 있는가? 한 가지 좋은 사례는 소비자 가전을 중점적으로 다루는 테크 인플루언서인 앤드루 에드워즈[Andru Edwards]이다. 앤드루는 제품을 리뷰하고, 기술과 관련 있는 모든 팁과 요령, 식견을 나눈다.

유튜브에는 여러 테크 인플루언서가 있지만, 앤드루는 한때 프로 레슬링 선수로 활동하기도 했다. 앤드루는 레슬링 선수로서 늘 많은 에너지가 필요했고, 사람들에게 즐거움을 주어야 했으며, 자다가도 깨우면 벌떡 일어나 경기를 할 준비가 되어 있어야 했다. 앤드루는 테크 채널을 처음 시작했을 때 콘텐츠에 재미를 더하기 위해 레슬링을 통해 갈고 닦은 능력과 카리스마를 이용했다. 앤드루의 브랜딩 방식도 독특했다. 프로 레슬링 선수는 화려하게 치장하고 튀는 모습을 연출하면서 자신만의 브랜드를 구축한다. 그래서 앤드루는 화려하고 밝은 색의 옷을 입고 패션을 뽐내며 다른 테크 채널과 차별화를 두었다.

여러분의 채널을 위해서는 인기 유튜버의 성공 사례와 여러분만의 개성을 조합하는 것이 좋다. 사람들은 제2의 앤드루 에드워즈나 케이시 네이스탯을 원하지 않는다. 사람들은 여러분의 있는 그대로의 모습을 보기 원한다. 그러므로 여러분의 경험과 독특한 개성을 조합하여 창의적인 유튜브 컨텐츠를 제작해보자.

사라 디치[Sara Dietschy]라는 유튜버가 처음 유명세를 탄 것은 케이시 네이스탯처럼 브이로그를 찍는 방법을 패러디한 영상을 올렸을 때이다. 그 영상은 190만 건의 조회 수를 기록했고 케이시도 굉장히 마음에 들어 해서 브이로그에서 그 영상을 언급했다. 케이시는 영상에 사라의 채널 링크를 달아두었고 사라의 채널이 급성장하는 계기가 되었다.

세비 섹시 소셜[Savvy Sexy Social]의 브이로거 에이미 랜디노[Amy Landino]는 게리 베이너척[Gary Vaynerchuk]의 책을 리뷰하기 위해 노래와 뮤직 비디오를 만들어서 게리의 관심을 받았다. 사라와 에이미는 모두 남들과 다르게 생각했다. 그 결과 채널의 노출도를 높이고 멘토와 인플루언서들에게 감사를 표할 수 있었으며 유튜브에서 영향력을 쌓을 수 있었다.

여러분이 채널에서 중점적으로 다루고 있는 주제가 있다고 해서 전달 방식까지 동일해야 하는 것은 아니다. 꽤 오랫동안 한 가지 방식을 고수했더라도 더 개성 있는 콘텐츠를 만들고 채널을 키우기 위해 몇 가지 변화를 줄 수 있다.

몇 년 전 JP 시어스^{JP Sears}는 자기 계발에 도움이 되는 '토킹 헤드'^{talking head} 채널을 만들었고 2년 가까이 영상을 올렸다. 그러나 영상은 몇 천 건의 조회 수를 얻는 데 그쳤고, 채널을 빠르게 키우려면 무엇을 해야 할지 우리에게 조언을 구했다. 우리는 JP의 영상 주제가 유튜브에서 아직 충분한 관심을 받지 못하고 있는 주제라고 생각했기 때문에 지금까지 하던 것을 그만두지 말고 계속하라고 말해주었다.

JP는 사실 매우 재미있는 사람이지만 그런 모습은 자신의 채널과 맞지 않다고 생각했다. 그러다 채널에 자신만의 개성을 담아내기로 결심했고, 얼마 지나지 않아 울트라 스피리츄얼 JP^{Ultra Spiritual JP}가 탄생했다. 이 캐릭터는 JP가 기존에 만들던 콘텐츠와 비슷한 콘텐츠를 다루었지만 코미디 요소가 가미되었다. 반응은 이전과 천지 차이였다.

시청자들은 새로운 캐릭터와 사랑에 빠졌다. JP는 전달 방식에 변화를 주어 시청자를 늘릴 수 있었고 몇 천 건에 불과했던 조회 수는 유튜브와 페이스북에서 수억 건으로 늘어났다.

JP의 비전은 달라지지 않았다. 다만 똑같은 콘텐츠를 이용하여 원하는 가치를 전달하되 전달 방식만 바꾸었다. 그리고 그것이 엄청난 차이를 만들었다.

나만의 개성을 업그레이드하라

카리스마 온 커맨드Charisma on Command의 찰리Charlie는 인터뷰에서 콘텐츠 포맷을 다양하게 바꿔보는 시도를 했을 때 채널이 급속도로 성장하는 경험을 했다고 말했다. 많은 유튜버들이 계속해서 똑같은 포맷의 콘텐츠만 제작하는 우를 범한다. 유튜브 콘텐츠를 만드는 것은 매번 검은 도화지를 마주하는 것과 같다는 사실을 잊곤 한다. 도화지에 그릴 수 있는 대상을 제한하는 것은 유튜버들의 창의력뿐이다.

콘텐츠를 만드는 방법은 무궁무진하다. 여러 방법을 조합해보자. '인생 그리기draw my life 영상처럼 애니메이션을 그리고 내레이션을 녹음한 영상을 만들 수도 있고, 사진이나 영상, 음악 등 여러 매체를 독특한 방식으로 조합한 영상을 만들 수도 있다. 몇몇 영상은 라이브

스트리밍 영상이 될 수도 있다. 시청자들에게 원하는 메시지를 전달하고 있다면 다양한 포맷을 활용해보자.

비디오 인플루언서스^{Video Influencers}에서는 어떻게 하면 새로운 방식으로 온라인 동영상과 관련된 팁을 전달할 수 있을까 고민하던 중 일주일에 한 번 업로드되는 인터뷰 프로그램을 제작하기로 했다. 당시 우리와 비슷한 정보를 공유하고, 비디오 인플루언서스 같은 교육용 영상을 제작하는 사람들이 같은 분야에서 활동하고 있었지만, 주간 인터뷰 프로그램을 제작한 사람들은 없었다.

포맷 자체는 다른 분야에서도 흔히 볼 수 있는 것이었다. 팟캐스트나 유튜브 채널 중에는 주간 인터뷰 포맷을 가지고 정기적으로 콘텐츠를 제작하는 곳이 많다. 하지만 우리 분야에서는 이 포맷이 사용된 적이 없었다. 그게 포인트다. "어떻게 하면 콘텐츠 포맷을 바꿔 여러분의 분야에 신선함과 독창성을 더할 수 있을까?", "어떻게 하면 다른 산업이나 분야에서 혁신적이고 창의적인 아이디어를 빌려올 수 있을까?" 그걸 고민하는 것이다.

남들과 다르게 생각하고, 유튜브에서 나만의 포지셔닝을 찾기 위한 가장 좋은 방법 중 하나는 가려운 곳을 직접 긁는 것이다. 유튜브에서 무엇을 찾고 있는가? 유튜브에 어떤 콘텐츠가 있었으면 좋겠다고 생각했는가? 지금까지 찾지 못한 콘텐츠가 있거나 여러분이 좋아하는 스타일의 콘텐츠이지만 찾을 수 없다면 다른 사람들도 그 콘텐츠를 보고 싶어 할 가능성이 크다. 바로 이것이 유튜브에서 여러분만의 입지를 다지는데 훌륭한 이정표 역할을 해줄 수 있다.

베스트셀러 작가인 샐리 혹스헤드^{Sally Hogshead}는 "다른 것이 더 좋은 것보다 낫다"고 말했다. 개성이 있는 것이 정말 중요하다. 우리의 팁을 활용하여 여러분만의 목소리와 브랜딩을 찾아 사람들의 눈에 띄고 빠르게 성장하기 바란다.

나만의 개성을 찾기 위한 질문

내가 있는 분야에서 이미 포화상태에 달한 콘텐츠는 무엇인가?

이미 정평이 나 있는 주제에 신선함을 더하기 위해 어떤 변화를 시도할 수 있을까?

과거의 어떤 경험을 현재의 열정과 합쳐 개성 있는 채널로 만들 수 있을까?

나의 최대의 강점은 무엇인가? 내 강점을 유튜브 콘텐츠에 담아내고 있는가?

친구들이나 가족들이 나의 어떤 점을 좋아하는가?

유튜브에서 내 개성이 빛나고 있는가?

유튜브에 어떤 콘텐츠가 있으면 좋겠다고 생각했는가?

보고 싶은 주제나 특정 분야의 영상이 있지만 아직 찾지 못한 것이 있는가?

수십억 명의 사람들이 이미 유튜브를 시청하고 있고, 수년 내로 수백만 명 이상의 사람들이 플랫폼에 진입하게 될 것이라고 생각한다. 조회 수를 두 배로, 채널 성장의 기회를 두 배로 늘릴 수 있다는 의미이다. "경쟁이 너무 치열해", "이미 늦었어"라는 말이 변명에 불과하다는 것을 지난 10년 간 수도 없이 목격했다.

뉴욕타임스 베스트셀러 작가이자 마케팅 전문가인 세스 고딘[Seth Godin]이 말했었다. "평범하거나 튀거나 둘 중 하나밖에 선택할 수 없다." 사람들의 눈에 띄고 싶다면 여러분의 개성을 받아들이고, 남들과 다르게 생각하며 여러분만의 길을 개척해야 한다.

글을 마치며

    많은 사람들이 미국의 위대한 발명가인 토마스 에디슨을 존경한다. 그는 축음기, 영화 카메라, 장시간 지속되는 실용적인 전구를 포함해 전 세계 사람들의 삶에 많은 영향을 미치는 장비를 발명했다. 에디슨은 "대부분의 사람들이 기회를 놓치는 이유는, 기회가 일처럼 보이기 때문이다"라는 명언으로도 유명한다.

    이 책을 통해 우리는 인류 역사상 가장 위대한 시절에 살고 있다는 것을 느꼈길 바란다. 무료로 제공되는 플랫폼을 통해 저가의 장비로 제작되는 온라인 영상은 전 세계 사람들과 소통할 수 있는 기회를 주었다. 이전이라면 꿈도 꿔보지 못했던 기회다. 하지만 중요한 것은, 기회가 많을수록 그만큼 행동도 많이 취해야 한다는 점이다. 마지막으로 여러분이 자신의 채널로 돌아가기 전, 여러분 앞에 놓인 기회를 십분 활용할 수 있도록 몇 가지 팁과 전략을 공유하고자 한다.

유튜브 성공에 대한 가장 큰 오해

유튜브 인플루언서가 되면 언제나 즐거운 일만 있을 것이라 생각할 수 있다. 그러나, 우리 경험에 비춰보면 모든 유튜브 크리에이터, 인플루언서들의 성공 신화에는 한 가지 공통점이 있다. 바로 근면함이 필수라는 것이다. 그들은 아주 부지런하고 늘 바쁘게 일한다.

우리가 여러분에게 줄 수 있는 첫 번째 조언은, 이 플랫폼에서 성공하기 위해 얼마나 열심히 일할 의지가 있느냐에 따라 성패가 달라진다는 점이다. 사람들은 노력을 과소평가한다. 유튜브에서의 성공에 대한 환상이 오해를 불러일으킨다. 성공하면 돈도 벌고, 무료로 제품도 받고, 세계여행을 하고, 흥미진진한 삶을 살 것이라 생각한다.

하지만 이는 밖에서 봤을 때만 그렇다. 상위 인플루언서 백 명 이상을 인터뷰해 본 결과, 반복해서 두드러지는 주제가 있었다. 모두 다 자신의 채널에 엄청난 노력을 들였다는 점이다. 노력이라 함은 바로 꾸준함을 의미한다. 꾸준히 콘텐츠를 만들고 최적화하고, 꾸준히 사람과 소통하고, 꾸준히 발전한다.

벤지의 브이로그 채널은 160만 명 이상이 구독 중이다. 시청자들 덕분에 우리에게 많은 기회의 문이 열렸다. 지금까지 거둔 성공에 매우 감사하지만, 아이들과 즐거운 하루를 보냈거나 새로운 곳으로 여행한 뒤에는 매일 밤 영상을 편집해야 한다. 해야 할 일을 처리하고 나면, 다음 날 또 다른 하루가 시작된다.

우리 채널을 처음 발견한 구독자들은 우리가 유튜브에서 활동한 지 10년이나 됐다는 사실을 모른다. 그동안 우리는 수천 개의 영상을 업로드했다. 지난 6년간 우리는 거의 매일 영상을 올렸다. 우리 두 채널을 합하면 수천 개의 영상이 있다. 의지, 결의, 제대로 된 전략만 있다면 여러분도 유튜브의 힘을 활용해 큰 성공을 거둘 수 있다. 이 책에서 우리는 이러한 요소들을 단계별로 소개했다.

첫 번째 파트에서는 유튜브에서 여러분의 영향력을 키워가며 지속적으로 신경 써야 할 일곱 가지 'C'에 대해 설명했다. 용기를 북돋우고, 메시지와 브랜드를 명확하게 조율하고, 항상 채널을 발전시키고, 늘 콘텐츠를 개발하고, 커뮤니티와 소통하고, 현금을 창출할 새로운 방법을 모색하고, 일관성을 유지해 성공하려면 늘 노력해야 한다는 점을 설명했다. 두 번째 파트에서는 채널을 성장시킬 수 있는 전술과 창의적인 아이디어를 공유했다. 트렌드 활용하기, 비디오 순위 정하기, 다른 창의적인 사람들과 콜라보하기가 그것이었다.

이쯤 되면 유튜브에서 영향력을 키우기 위해 엄청난 노력이 필요하다는 것을 알게 되었을 것이다. 그렇기 때문에 더더욱 여러분이 사랑하는 것을 주제로 유튜브를 시작하길 추천한다. "사랑하는 일을 하면 평생 일하지 않아도 된다." 지칠 때도 있고, 지겹다고 느낄 때도 있겠지만, 사랑하는 일에 매진한다는 것만으로도 의미가 생긴다.

무엇을 사랑하는가?

이것이 여러분이 하고 싶은 일인가? 열정을 갖고 있는 대상인가? 어떤 이들에게 유튜브는 수단일 뿐이다. 진정한 소명으로 향하는 디딤돌일 뿐이다. 하지만 여러분은 자신의 콘텐츠와 여러분이 돕고 있는 사람들에 대한 열정과 사랑을 꼭 지녀야 한다.

벤지는 자신이 운영하던 부동산 채널을 성공 여부와 상관없이 포기했다. 그가 현재 생각하고 있는 방향에서 앞으로 나아가기 위한 올바른 결정이라 생각했기 때문이었다. 그리고 그의 이러한 포기는 진정으로 열정이 있는 사람들, 즉 여러분을 돕는 일을 할 수 있게 만들어주었다. 그렇기에 우리는 좋은 친구가 될 수 있었고, 비슷한 열정과 소명을 공유했기 때문에 이 책을 쓰게 됐다.

때로는 일이 잘 안 풀릴 수도 있다. 너무 힘이 들 때면 정말 여러분이 사랑하는 일을 하고 있는지 자문해보라. 이 시점에 너무하다 싶은 생각이 들 수도 있다. 지금 여러분은 수많은 정보를 알게 된 상태이므로 이를 상세히 세분화 해본 뒤 다음에 무얼 해야 하는지 생각해보라. 그게 채널 개설일 수도 있고, 첫 영상을 올리는 일일 수도 있고, 또는 다음 콘텐츠 촬영 일정을 잡는 일일 수도 있다. 이런 작은 일이 모여 큰 결과를 만든다. 티끌 모아 태산인 것처럼 말이다.

성공을 위한 일정

사람마다 삶의 일정이 다르다. 뿐만 아니라 콘텐츠 유형과 대상 청중, 사업 모델, 학습 속도가 다르다. 따라서 야망은 갖되 참을성을 잊어서는 안 된다.

"간밤의 성공은 10년이 걸린다"라는 말이 있다. 여러분은 그렇게 오래 걸리지 않을 것이라 믿지만, 그렇게 될 가능성도 있다. 어떤 이들에겐 빠를 수도, 또 다른 이에게는 더 오래 걸릴 수도 있다. 여러분은 자신만의 길을 걷는다는 점을 잊지 말아야 한다. 다른 이와 비교하다가 길을 잃어버리지 말고 자신만의 경기를 하고 있다고 생각해야 한다.

IT 채널인 버나큘 너드가즘Barnacules Nerdgasm의 제리Jerry는 커리어를 시작한 지 7년차가 되어서야 성공의 반열에 올랐다. '나만의 정원 가꾸기'Growing Your Greens 의 존 코흘러John Kohler 는 다년간 꾸준히 유튜브에서 버티다 채널이 유명세를 타면서 큰 성장을 거뒀다. 쥬디 트래비스Judy Travis 는 2년간 영상을 업로드하고 유튜브 파트너스 프로그램에서 3번이나 거절당한 후에야 채널을 통해 수익을 얻을 수 있었다. 이후 1년이 지난 후에야 전업 직업으로 삼을 수 있었다.

위대함에는 시간이 걸린다. 위대한 일이 즉시 생긴다고 믿지는 않겠지만, 우리가 공유한 전술을 활용하면 시간을 단축하고, 실수를 방지하고, 투입하는 노력을 최대로 활용할 수 있을 것이다.

학습은 여기가 끝이 아니다

이 책은 끝을 향해 가지만 우리의 여정은 이제 시작일 뿐이다. 우리는 여러분이 '비디오 인플루언서스'의 온라인 커뮤니티 일원이 되길 바란다. 우리의 유튜브 채널에서 우리는 더 많은 팁과 전략을 공유하고 있다. 수업료가 공짜인 유튜브 대학에서 언제나 수강할 수 있다. 또한 전 세계 유튜버, 사업가, 기업인, 크리에이티브와의 인터뷰를 보고 이들이 알려주는 팁을 배워 여러분의 영향력을 키워 가길 바란다.

이 책의 부록으로 우리가 가장 많이 받는 질문과 간단한 팁, 좀 더 심화된 학습을 위한 무료 온라인 링크를 넣었다.

"WHY"를 꼭 명심하길 바란다. 영감은 에너지의 원천이 될 수 있다. 동기부여를 통해 기운찬 아침을 시작할 수는 있지만, 추진력이 있어야 이를 지속할 수 있다. 바로 "WHY"로부터 그 추진력이 생긴다. 왜 영상을 만드는가? 왜 유튜브 채널을 만들고 싶은가? 왜 이 플랫폼에서 성공을 하고자 하는가?

시청자를 최우선으로 두고 왜 시작했는지를 잊지 말아야 한다. 결국 이는 여러분에 대한 것이 아니다. 카메라 렌즈 반대편, 인터넷 망의 건너편에서 영상을 보고 있는 사람을 위한 것이다. 사람들의 삶을 바꾸기 위해 콘텐츠를 만드는 것이니 낙담하는 기분이 들 때마다 이를 명심하길 바란다.

이 책에서 여러분은 유튜브에서 보이지 않던 커뮤니티와 서브 컬처에 대해 배웠고, 여러분을 위해 존재하는 엄청난 기회에 대해 알게 됐다. 우리는 자신이 사랑하는 것을 하며 좋은 성과를 가져오는 삶, 그리고 자신의 사업과 브랜드를 스스로 가꿔 나갈 수 있는 인플루언서 전술을 공유했다. 하지만 유튜브는 단거리 종목이 아니라 마라톤이라는 점을 명심해야 한다. 언제나 자신의 비전을 중심에 두고 부단한 노력을 기울여라. 그렇게 함으로써 영상을 하나하나 올릴 때마다 여러분의 영향력과 소득을 발전시켜 가기 바란다.

부록

우리는 이제까지 정말 많은 질문을 받았고, 이 책에 최고의 팁과 전략을 담기 위해 노력했다. 그럼에도 불구하고 놓친 것이 있을 수 있어 자주 받은 질문과 이에 대한 명료한 답변, 그리고 온라인 상에서 참고할 수 있는 추가 자료를 공유하려고 한다.

구독자 수와 시청자수를 어떻게 늘리나요?

이는 우리가 가장 많이 받는 질문이다. 우리는 이 책에서 배운 모든 것을 적용하라 말하고 싶다. 전략을 따르고 전술을 수행하라. 더 많은 학습을 원하면 아래의 유튜브 채널 목록을 참조하라.

TubeSecretsBook.com/Grow

카메라 앞에 설 수 있는 자신감은 어떻게 키우나요?

주제에 대해 더 많이 알고 열정적일수록 카메라 앞에서 이에 대한 이야기를 할 자신감이 더 생긴다. 그 이후에는 연습이 핵심이다. 카메라 앞에 많이 서고, 녹화, 편집, 업로드를 할수록 더 발전한다. 첫날부터 완벽하게 해내는 운동선수나 음악가는 없다. 스스로 너무 채찍질하지 말고 연습을 통해 발전한다는 사실을 기억하라. 아래 링크에서 니키 필리피[Nikki Phillippi]의 영상과 팁을 참고하기 바란다.

TubeSecretsBook.com/Confidence

결과가 보이지 않는데 어떻게 동기부여를 유지하나요?

대기만성이란 말이 있다. 결과는 하루아침에 나오지 않는다. 헬스장에서 운동하는 것과 마찬가지로, 즉각적이고 가시적인 결과는 나타나지 않는다. 시간과 꾸준함이 필요하다. 동기부여를 이어가는 최선의 팁과 정신 수양법 및 벤지와 내가 사용하는 매일 훈련하는 방법을 다음의 플레이리스트를 통해 확인해보라.

TubeSecretsBook.com/Motivation

악플러, 트롤, 악플은 어떻게 대처하나요?

악플이나 트롤에 대처하기 위해서는 정신적으로 준비를 해야 한다. 모든 크리에이터, 초보, 경험이 풍부한 사람, 심지어 슈퍼스타도 악플러가 있다. 악플은 삶의 일부다. 다음의 영상을 통해 몇몇 실용적인 전략에 대해 배워보자.

TubeSecretsBook.com/Haters

일상 브이로거가 되는 방법은?

해가 거듭될수록 브이로그의 인기가 높아지고 있다. 따라서 일상 브이로거가 되고 싶다는 꿈은 이해한다. 하지만 이는 결코 쉽지 않다. 일상 브이로거가 된다는 것은 그만한 어려움이 존재한다. 브이로거의 길은 꼭 브이로그 채널로 시작하지 않을 수 있다. 대부분의 성공적인 브이로거들은 특정 주제로 유명해진 후에 일상 브이로깅을 시작한 경우가 많다. 이를 꿈꾼다면 오늘날 탑 브이로거와의 인터뷰인 다음 영상을 참조하라.

TubeSecretsBook.com/Vlog

구독자가 100명을 넘으려면?

100명은 가족과 지인에게 부탁하면 쉽게 넘길 수 있다. 사람들의 평균적인 페이스북 친구 수는 250명이다. DM, 이메일, 전화 한 통이면 여러분을 도와주겠다는 사람이 많을 것이다. 첫 100명의 구독자를 달성하는 법에 대한 상세 전략은 다음의 영상을 참조하라.

TubeSecretsBook.com/First100

어떤 카메라를 살까요?

좋은 카메라의 중요성은 이해하나, 영상 화소보다 콘텐츠의 수준이 중요하다. 대부분의 사람들에게 우리는 스마트폰으로 시작하길 권한다. 여러분이 전하는 이야기와 더하는 가치가 여러분이 사용하는 기술보다 앞선다. 여기서 유용한 영상은 션의 채널인 씽크미디어^{THiNK Media}이다. 이 채널은 영상 제작 및 장비를 핵심으로 하며, 다음 링크에서 확인해볼 수 있다.

TubeSecretsBook.com/ThinkMedia

영상 아이디어는 어떻게 얻나요?

작가들이 슬럼프를 겪듯, 유튜버는 영상 아이디어 고갈을 겪는다. 우리 모두가 겪는 일이다. 우리는 아이디어가 떠오르지 않을 때 쓸 수 있는 영상 아이디어 목록을 만들었다. 영상 아이디어가 떠오르지 않을 때는 여러분의 아이디어를 채워줄 수 있는 비디오 인플루언서의 다음 팁을 참조하라.

TubeSecretsBook.com/Ideas

영상 편집은 어디서 배우나요?

편집은 처음 시작하는 것만큼 쉽다. 벤지는 노트북에 설치돼 나오는 가장 기본적인 편집 프로그램으로 시작했다. 우리도 처음에는 아무 지식이 없었고, 장면을 잘라내는 작업부터 시작했다. 연습을 거듭해 발전했다. 다수의 유명한 영상 편집 프로그램에 대해 많은 사람들이 무료 튜토리얼을 만들어 놓았다. 유튜브에서 검색만 해보면 된다. 또는 Lynda.com이나 Skillshare.com과 같은 교육 사이트에 비용을 투자해도 좋다. 좀 더 조직화되고 전문적인 튜토리얼을 저렴한 비용에 제공한다.

콜라보에 대한 팁은?

콜라보는 채널을 성장시키는 가장 좋은 방법 중 하나이므로 이 책에서 콜라보에 대한 장을 다시 읽어 보길 권한다. 우리가 유명한 영상 인플루언서의 인터뷰를 어떻게 이렇게 많이 땄는지 궁금할 수 있다. 사람들과 콜라보를 이끌어 내는 법에 대한 자세한 전략은 다음 플레이리스트를 참조하라.

TubeSecretsBook.com/Collab

감사의 말

[밴지]

쥬디의 영감과 사랑에 언제나 감사를 드립니다. 쥬디는 이전에도, 지금도, 앞으로도 유튜버로서의 가능성을 가장 잘 보여주는 사람일 거예요. 이제까지 보여준 모든 것에 고맙고, 유튜브라는 이 엄청난 플랫폼에서 어떤 일이 가능한지 보여줘서 고맙습니다.

[션]

스티브 잡스는 "사업에서 위대한 일은 한 명이 해내는 것이 아니라 한 팀이 해내는 것이다"라고 했습니다. 우리 삶에서도 이 말이 맞다고 생각합니다. 우리의 핵심 사업과 관련된 첫 책을 내는 이 시점에 제가 세상에서 가장 소중하게 생각하는 팀에 감사 인사를 전하고자 합니다.

우선 최고의 아내인 소냐, 당신의 사랑과 지지에 고맙고, 우리 사업을 함께 키워오는 여정 속에서 당신이 보여준 희생에 감사해. 우리 부모님(필, 수잔, 존)께 감사인사를 드리고, 의붓형제인 앨렌 에스켈린과 많은 가족분들께도 고맙다고 전하고 싶습니다. 여러분의 사랑, 지혜, 기도, 관대함, 격려 덕분에 오늘의 제가 될 수 있었습니다. 가슴 깊은 곳에서부터 감사인사를 드리고 싶습니다.

놀라운 성공의 핵심은 멘토링이라 생각합니다. 2003년에 영상 제작의 길로 접어들게 하고 리더로 성장하게 도와준 제프 무어스 씨께도 감사인사를 드리고 싶습니다. 저를 믿어주고 발전할 수 있게 자극시켜준 샤를린과 브렛 존슨 씨께도 감사를 드립니다. 지혜와 응원 보내주시는 데이비드와 앨리스 골드스타인 씨께도 감사드립니다. 또한 제 삶에 영향력을 주신 저의 지인들, 선생님, 목사님, 직장 상사들, 그리고 지난 15년 이상 동안 저와 지낸 동료들께 감사드립니다.

책과 콘텐츠를 통해 저에게 가르침을 선사하신 몇몇 멘토 분들께 인사드리고 싶습니다. 몇 분만 언급하자면, 개리 베이너척, 제임스 웨드모어, 루이스 하우위스, 브랜든 버챠드, 그리고 존 맥스웰 씨께 감사드립니다.

큰 지지를 보내주신 씽크미디어THiNK Media 팀에게도 감사드리며, 우리의 비전을 믿어주고 우리의 결속력을 담당한 헤더 토레스 씨께도 감사인사를 드립니다.

친구이자 비디오 인플루언서의 파트너인 벤지 트래비스에게도 고맙다는 말을 전하고 싶고, 지난 3년간 우리가 꾸준히 콘텐츠를 만들 수 있게 도와주고 인플루언서의 커뮤니티를 돌봐준 개비 아르치니에가 씨께도 감사를 드립니다.

이 책이 빛을 볼 수 있게 도와준 스크라이브^{Scribe} 팀원 분들께 감사드리며, 유튜브 창립자와 팀원들도 잊어서는 안 되겠죠. 여러분은 역사를 만들었고, 저희와 같은 크리에이터들이 세상에 나갈 수 있는 발판을 만들어 주셨습니다.

마지막으로 삶과 구원이라는 선물을 주신 주님께 감사드립니다. 그분 없이는 아무것도 하지 못한다는 것을 깨달았습니다. 하나님께 영광을 드립니다.

션과 벤지와 함께하는
무료 온라인 영상 트레이닝

유튜브에서 성공을 거둘 준비가 되셨습니까?
최신 유튜브 성장과 수익성 창출 전략을 공개하는
독점 트레이닝 영상을 만나보세요.
아래에서 무료로 보실 수 있습니다.

videoinfluencers.com/secrets